EL HIJO DEL PIRATA

25 Años A la Orilla del Viento

EL HIJO DEL PIRATA

GERALDINE McCAUGHREAN

ilustrado por

RICARDO PELÁEZ

traducción

JOAQUÍN DÍEZ-CANEDO F.

FONDO
DE CULTURA
ECONÓMICA

Primera edición en inglés, 1996
Primera edición en español, 2000
Segunda edición, 2016

McCaughrean, Geraldine
El hijo del pirata / Geraldine McCaughrean ; ilus. de Ricardo Peláez ; trad. de Joaquín Díez-Canedo F. — 2a. ed. — México : FCE, 2016
342 p. : ilus. ; 19 × 15 cm — (Colec. A la Orilla del Viento)
Título original: Plundering Paradise
ISBN 978-607-16-3542-6

1. Literatura infantil I. Peláez, Ricardo, il. II. Díez-Canedo F., Joaquín, tr. III. Ser. IV. t.

LC PZ7 Dewey 808.068 M313h

Distribución Latinoamérica y EUA

Publicado por Oxford University Press, Oxford
Título original: *Plundering Paradise*

Carretera Picacho-Ajusco, 227; 14738 Ciudad de México
www.fondodeculturaeconomica.com
Comentarios: librosparaninos@fondodeculturaeconomica.com
Tel.: (55)5449-1871

Editor: Daniel Goldin
Dirección artística: Mauricio Gómez Morin
Formación: Neri Sarai Ugalde Guzmán

ISBN 978-607-16-3542-6

Impreso en México • *Printed in Mexico*

Índice

Para Ron y Doroty

A su regreso de Madagascar, White… nombró a tres hombres de nacionalidad diferente como tutores del hijo que tuvo con una mujer de aquella región, con instrucciones de que fuese enviado a Inglaterra… en el primer navío inglés, para ser educado en la religión cristiana, con la esperanza de que fuera un mejor hombre que su padre…

Capitán Charles Johnson, *Historia general de los robos y asesinatos de los más famosos piratas* (1724)

Colegio Graylake, 1717

Sentía el frío, royéndolo como una rata. En torno suyo, las cobijas pardas y grises sobre las camas se alzaban y se hundían como el oleaje de un mar desolado y sucio. Nathan no supo qué lo despertó; sin embargo, una marejada lo dejó varado fuera de las aguas del sueño. Sintió miedo; no supo por qué.

La toga negra de un profesor pendía de una alcayata clavada en la pared. Allí había estado, sin dueño, desde que Nathan se acordaba; luida, casi transparente de tan vieja, meciéndose con los chiflones como el fantasma de un ahorcado. Polillas y pesadillas cayeron revoloteando sobre Nathan desde la toga negra colgada del gancho, en eterno vaivén.

Pensó en su hermana. Éste era el único momento del día cuando se permitía pensar en una hermana. Una vez que amaneciera, no habría excusa para mencionarla. Que Nathan hablara de Magda con alguno de los otros chicos, sería como referirse a su caballito de palo o a la mordedera de bebé. En secreto, Nathan decidió que fingir que las hermanas no existían era tanto como traicionarlas. De modo que se hizo el propósito de pensar en Magda en la intimidad de la primera luz del alba: la atareada Magda, trajinando por la casa, cocinando y supervisando las comidas, puliendo las cucharas y leyendo en voz alta a su padre.

Tras la muerte de su madre, todas las tareas hogareñas habían recaído en Magda como una gruesa capa de polvo, emborronando las imágenes que Nathan guardaba de ella en la cabeza. Cuando trataba de recordar su aspecto, se le dificultaba distinguir su vestido de las parduscas cortinas del vestíbulo; su rostro, de los platos blancos en la alacena. Magda, la atareada. Ya nunca jugaba con él, cuando estaba de vacaciones. Tantas obligaciones no le dejaban tiempo. Tampoco sonreía con mucha frecuencia de un tiempo a la fecha.

Un pájaro llegó a posarse en la ventana del dormitorio, a medias fuera y dentro. Los pájaros nunca entraban, aunque no había vidrios de por medio. Parecían percibir la diferencia entre el interior y el exterior. Y, claro, ellos elegían. La sombra del pájaro cayó sobre el pecho de Nathan, y cuando aquél emprendió el vuelo, la sombra también se alejó revoloteando, como el alma de un muerto abandona su cuerpo…

Fue el tañido matinal de la campana lo que asustó al pájaro. Los otros chicos comenzaron a gruñir y a retorcerse bajo las frazadas cafés, como topos que cavaran para alejarse del barullo. El bedel, que había venido a cerciorarse de que todos obedecieran al toque, se sorprendió de ver a Nathan de pie y vistiéndose. Por lo regular no es cosa fácil despertar a los chicos.

Las botas de los muchachos estaban todas afuera, en el patio, alineadas a lo largo de los corredores, como si se hubiesen marchado temprano a desayunar sin esperar a sus dueños. Pies descalzos cruzaron palmeando las baldosas y se enfundaron en las botas; el cuero estaba rígido por la helada. Chicos parlanchines cubrían con la chaqueta sus cabezas rapadas, como de presos, de manera que parecía que no la tuvieran, mientras se dirigían en grupos compactos al refectorio, con las agujetas desatadas reptando por el suelo, sin el menor interés en detenerse a anudarlas en medio de aquel friazo. Además, tenían entumidos los dedos. Algunos llevaban guantes de lana; eso sí estaba permitido. Únicamente los pies y la cabeza debían mantenerse fríos, en aras de la educación. El rector Thrussell seguía a pie juntillas los preceptos de John Locke.

He aquí a Nathaniel Gull, con catorce años cumplidos, sentado en el chiflón, mientras los eminentes profesores del colegio Graylake, disertando en latín, erigían sobre su cabeza altísimos pináculos de conocimiento: historia, los clásicos, matemáticas y religión, retórica y filosofía. Sentía la humedad congelarse en sus ojos; atorarse los datos en su cerebro como ratas en la garganta de una serpiente pitón, indigeribles.

Por eso, en su imaginación, Nathaniel Gull luchaba contra los piratas.

Más atrás, en un pupitre de la cuarta fila, se hallaba sentado un auténtico pirata —el hijo de un pirata, cuando menos—. A los ojos de Nathan, hijo de un párroco provinciano, Tamo White era tan exótico y extravagante como un basilisco o un orco gigante. ¡Qué se sentiría ser hijo de un pirata! En realidad Nathan no había platicado nunca con él; no más de unas cuantas palabras. Después de todo él era de carne y hueso, y todo el chiste de los piratas (por lo que respecta a un chico a mitad de una clase de griego) es su lejanía de la realidad, ¡su imposibilidad!

Para Nathan los piratas eran el pan de cada día —sus cuevas del tesoro, donde solían pasar el tiempo—, en vez de poner atención a la clase. Conocía más nombres de bucaneros que de santos. Conocía sus barcos, los puertos donde recalaban, sus casas y sus historias. Sabía quiénes habían sido orillados a la piratería por mala suerte y quiénes la habían escogido por la natural perversidad de su alma. Sabía lo que comían y cómo vestían y las palabrotas que escupían por entre sus dientes de oro. Sabía cómo habían muerto, reventados, sin un quinto, suplicando el perdón para sus crímenes. Lo había leído todo en *Piratas de la América,* de Exquemelin, y en el *Discurso de los vientos,* de Dampier. Y en clase de griego se imaginaba ser un Señor de los mares, poseedor de una carta del rey donde éste lo urgía a limpiar los mares de piratas. Mientras el señor Pleasance, el profesor de griego, recitaba listas de verbos irregulares, Nathaniel Gull peleaba contra los piratas entrechocando aceros sobre la cubierta de madera de una carraca de cuarenta cañones. "¡Ríndete, espantajo inmundo, peste de los mares! Arroja el trabuco y pide a tus hombres que rueguen por tu alma sarnosa. Eres carne de patíbulo, matarife impenitente."

—¿Gull? ¡Gull!

El profesor tuvo que repetir su nombre varias veces, y aun así Nathan pensó que se trataba de algún verbo irregular. Resultó que un chico de primero había traído un recado del rector, un requerimiento.

—Gull, tienes que presentarte enseguida en la oficina del rector.

De repente, Nathan sintió un ominoso dolor en el estómago. Rebuscó en su conciencia si había obrado mal en algo, pero nada encontró. Él no se portaba mal. Él nunca, jamás, se portaba mal. ¡Él era hijo de un párroco, por el amor de Dios! Él era Nathaniel Gull, por todos los cielos. Qué podía él haber hecho de malo, salvo nacer enclenque y ordinario: un insignificante punto y aparte en el oscuro cielo nocturno.

—*Salve, magister* —saludó Nathaniel.

Se percató de que había metido las manos dentro de las mangas y no conseguía cerrar la puerta tras él. Nadie contestó "*Salve*". El rector estaba de pie, con los nudillos apoyados sobre el escritorio, mirándolo con odio. Frente a él, las *Consideraciones en torno a la educación*, de Locke, descansaban encima de la Biblia. Locke encima de la Biblia. Nathan clavó la mirada en aquel libro: qué cosa más abyecta.

Antes de abrir la boca, Thrussell dio dos vueltas en torno a Nathaniel, sacudiendo con golpecitos rápidos el abolsado chaquetón azul, el cráneo azuloso surcado de venas.

—Ningún remiendo, ninguna costra —pronunció, como si estuviese declamando en el Senado romano—. ¡Alza las botas, muchacho! ¡Ningún agujero en las suelas! ¡Ningún faldón luido!

—Gracias, señor —repuso Nathan.

Supo que no era la respuesta acertada. La mano que lo asía por el tobillo, como un herrero la pata de un caballo, lo apretaba tan fuerte que sus huesos crujieron.

—Gull. El hijo de Gull. ¿No debí haber vacilado antes de inscribir este apellido en las listas de esta academia? ¿No debí haber reflexionado: "Momento, doctor Thrussell, ¿no será que este Gull, hijo de Gull, nos quiera ver la cara algún día? ¿No pondrá en evidencia cuán cándida es nuestra hospitalidad? ¿No será que algún día nos arrebate, como una gaviota arenquera, los huevos perfectos del conocimiento, sin ningún escrúpulo, con crueldad y glotonería?" ¡Pues así es, señor: nos ha visto usted la cara, en efecto! ¡Nos ha visto usted la cara, sin duda, señor Gull!

Su discurso parecía deleitar tanto a Thrussell que se resistía a hacerlo a un lado para proseguir. Nathan presintió que no debía festejar el ingenio del doctor.

—¡Nos ha visto la cara, sí señor! ¡Nos ha hecho trampa y engañado! A nosotros, que creímos, ¡ahora veo con cuánta ingenuidad!, que podríamos confiar en la sinceridad y la probidad de un hombre dedicado a la Iglesia.

—¿Mi padre? —preguntó Nathan—. ¿Qué ha pasado con mi padre?

—¡Nada! ¡Nada en absoluto! ¡Sencillamente partió! ¡Evadió enfrentar las consecuencias de sus actos! ¡Ha dejado a otros, como yo, para que nos las arreglemos con las dificultades que forjó con su perfidia!

—¿Pero, adónde se ha ido? —preguntó Nathan, tratando de imaginarlo.

Era como intentar pescar uno de los rayos de una rueda mientras ésta daba vueltas.

—Al cielo, cabe suponer —replicó Thrussell con la voz gangosa por el sarcasmo—, puesto que la misericordia del Señor es infinita. ¡Y allí, estoy seguro, continúa *haciéndose pasar* por un hombre temeroso de Dios, por un hombre devoto!

La habitación dio un repentino vuelco hacia la izquierda. El piso se levantó. Las ventanas semejaban ojos saltones. En los establos, al fondo, un caballo relinchó impresionado.

—Aunque serán pocos sus amigos, supongo —dijo Thrussell y exclamó—: ¡una vez que se descubra la clase de hombre que en verdad es!

—¿Ha muerto mi padre, señor? —preguntó Nathan.

—Ha muerto, señor. Y en la miseria. Sin un quinto. Endeudado. Un pobre, señor. Aunque claro, cualquiera lo habría adivinado...

—¿Mi papá murió, señor?

—... un despilfarrador; viviendo por encima de sus posibilidades; aprovechándose de los crédulos que se tragaban su farsa de solvencia.

—Es verdad que nunca fuimos ricos... —Nathan no intentaba rebatir nada, pero necesitaba hallar algo qué decir, algo que detuviera aquel torrente que lo estaba ahogando—. ¿Acaso le dijo que era rico?

—¿Acaso Satanás avisó a Eva de su maldad? ¿Acaso el criminal recita en voz alta sus planes para delinquir?

—Estoy seguro de que no fue su intención... ¿Puedo ir a verlo? ¿Me da permiso de ir a verlo?

Nathan tuvo la sensación de que si se daba prisa, si no paraba de correr hasta su casa y no perdía el tiempo en respirar o echarse a llorar, quizá llegaría a tiempo para ver una sonrisa en el rostro de su padre, quizá podría estrecharlo entre sus brazos.

—¡Vaya usted a donde le plazca, señor, donde no ocasione más gastos a este colegio! ¡Este colegio, que lo ha nutrido, como a una víbora en su seno, muchacho! ¡Este colegio al que su padre al morir quedó debiendo *las cuotas de dos trimestres!* ¡Váyase, muchacho! ¡Antes de que mi cristiana paciencia me abandone y mi cólera justiciera lo fulmine aquí mismo!

Nathaniel retrocedió hacia la puerta. Se sintió enfermo y torpe. Las agujetas de sus botas se enredaban en sus tobillos, como víboras aguijoneándole las pantorrillas. Como sus manos seguían dentro de las mangas, no consiguió coger el picaporte y se golpeó la cabeza contra la puerta a medio abrir. Mientras se alejaba a tropezones por el corredor, oyó tras él los gritos estentóreos de Thrussell:

—¡Y haga el favor de dejar esa chaqueta cuando se marche! ¡No estamos para vestir a muertos de hambre con los mejores paños!

Nathan regresó al salón, porque no tenía mejor lugar adónde ir. Cuando se percataron de que no tomaba asiento ante su pupitre, los demás chicos se le quedaron mirando con pena, creyendo que le habrían dado de azotes. ¿El pequeño Gull azotado? ¡Inaudito! ¡Extraordinario! Nathan se quitó la chaqueta y la colocó hecha bola bajo la tapa del pupitre. Las mangas de su camisa cayeron hasta ocultarle la punta de los dedos. No fue sino hasta que trató de cerrar la tapa, cuando advirtió el ejemplar de *Piratas de la América* entre los breviarios y los cuadernos.

El profesor de griego lo miraba con sorna, con las cejas en arco, como pidiéndole permiso para continuar la lección.

—Mi padre. Mu… —dijo Nathan obnubilado.

El profesor se le acercó enseguida y lo tomó por el hombro.

—Lo lamento, muchacho. Mis condolencias sinceras. Es una pérdida terrible.

Nathan aguardó unos segundos en un intento por despertar de la pesadilla en que se encontraba. Pero aquello no tenía fin.

—Tengo que marcharme —sus compañeros se movieron inquietos, prestos a indignarse en defensa de Nathan—. Nos quedamos sin dinero. Mis cuotas no pudieron ser…

El rostro del profesor de griego permaneció impasible, pero un murmullo distinto agitó esta vez a los muchachos, una inhalación unánime causada por la impresión. Gull no tenía un quinto. Gull era un pobre.

—Siéntese —le ordenó el profesor, ejerciendo una presión mayor sobre el hombro del muchacho.

—Tengo que marcharme. No tengo permiso…

Pero Nathan tenía la mente en setenta cosas más reales: vacaciones, paseos en carruaje, fiestas de cumpleaños, conversaciones. Todo pasaba a ser irrevocablemente cosa del pasado. Tenía que aclarar aquel malentendido; correr a casa y comprobar que en realidad su padre estaba perfectamente bien, haciendo injertos en los manzanos del huerto o escribiendo un sermón en su estudio.

El profesor de griego tomó el libro de los piratas que Nathan llevaba bajo el brazo y, abriéndolo al azar, lo colocó encima del pupitre, inclinando sobre él la cabeza del chico para darle tiempo de afrontar la terrible noticia, mientras la lección proseguía su curso sin tomarlo en cuenta, como disculpándolo. Llegado el final de la clase, cuando los demás chicos hubieron abandonado ruidosamente el salón, Nathan permanecía sentado con su libro, los ojos fijos en la misma página, viendo a la nada.

—¿Adónde irás ahora, muchacho? —le preguntó el maestro.

El señor Pleasance no estaba en posibilidades de ofrecerle nada más que comprensión. Sabía cuánto odiaba Thrussell la pobreza. La odiaba y la temía, como si por acercarse demasiado pudiese volverse contagiosa e infectar todo el colegio como una epidemia de viruela. Los padres que enviaban a sus hijos a Graylake no tenían intenciones de que se mezclaran con pobres, de que compartieran un dormitorio con infelices como Gull. Es uno de los privilegios que esperarían comprar con dinero.

—Me apena mucho lo que te ha pasado, muchacho. ¿No tienes parientes que pudieran... hacerse cargo de los compromisos de tu padre?

No. Nathan no tenía a nadie; a nadie en el mundo excepto a Magda, la atareada, y a su padre, que en paz descanse. *Padre nuestro que estás en los Cielos: el reverendo Gull, finado deudor de esta parroquia...*

Lo esperaban afuera. Aunque el profesor intentó ayudarlo al retenerlo después de clase, solamente consiguió dar tiempo a los chicos mayores para cavilar y conspirar en su contra. ¿Un pordiosero infiltrado? Gull merecía un escarmiento por profanar aquel opulento *sanctum*. Lo esperaban en el dormitorio: Betterton, Wase y Fitzgerald, el mayor; Beaulieu, Southern y

Hawkwood. Las chaquetas azules pendían de sus dedos; sus ojos rebosaban saña.

Aguardaron sin decir nada a que Nathan sacara su baúl de viaje de debajo de la cama, antes de rodearlo lentamente. Nathan trató de no hacerles caso.

Mientras las chaquetas comenzaban a tundirlo con sus botones de metal y sus puños gruesos, intentó arrastrar el baúl hacia la puerta. Dejó caer *Piratas de la América* de bajo su brazo, aunque era su más preciado bien, con la esperanza de que mientras cogían el libro, lo partían por el lomo y lo pateaban de uno a otro lado del dormitorio, le daría tiempo de escapar.

Pero cuando el libro empezó a deshojarse, los chicos se volvieron hacia Nathan, haciendo girar de nuevo sus chaquetas en el aire, pelando los dientes. Forzaron la cerradura del frágil baúl que guardaba el conjunto de sus posesiones en este mundo y se dedicaron a aventarlas por todos lados. Beaulieu se guardó la media corona; Betterton, la bolsa de los peniques. Arrojaron su diario por la ventana, su pluma fina al calentador. Arrancaron la toga negra de la alcayata y la enrollaron en la cabeza de Nathan, mientras lo metían a la fuerza en el baúl y cerraban de un golpe la tapa. A empellones lo arrojaron por la escalera de piedra —"¡Echémoslo al río!" "¡Prendámosle fuego!"— hasta que las uniones del baúl cedieron, los costados de madera se combaron y la cerradura quedó sostenida por un solo clavo. Mientras esto sucedía, el chico que iba dentro no dijo ni media

palabra, no profirió sonido alguno salvo los quejidos que le arrancaban cada vez que un golpe le sacaba el aire. ¿Quién vendría a socorrerlo? Nadie. No tenía a nadie en el mundo. No podía respirar. *Padre nuestro, que estás en los Cielos...*

—¡Déjenlo!

No era un profesor quien había hablado.

—¡Déjenlo o los parto por la mitad!

Era la voz de un compañero.

El baúl descansaba sobre su tapa y Nathan tuvo que escurrirse para salir de él, como una tortuga de su carapacho; resbaló a ciegas lo que faltaba de las escaleras antes de conseguir desenredar la toga negra de su cabeza y descubrir quién lo había salvado de morir de asfixia.

Tamo White, el hijo del pirata, se hallaba en lo alto de la escalera empuñando un sable plateado. La luz del emplomado de la ventana del vestíbulo principal pintaba veladuras de rojo, morado y verde sobre su rostro de forastero y su larga cabellera negra. Llevaba un chaleco de piel bajo la holgada chaqueta del colegio. A Nathan eso le llamó particularmente la atención.

—¡Su viejo murió en la miseria! ¡Sólo le dejó un montón de deudas! —protestó Southern.

—¡Ni siquiera pagó las colegiaturas! —añadió enseguida Betterton, como si aquello fuera razón suficiente para matar a un hombre.

—En tanto que nosotros pagaríamos una jugosa cifra por no estar aquí —repuso White sin alterarse—. Ven conmigo, Gull. Te invito a cenar.

—¡Haciéndose pasar por un caballero! —chilló Wase cuando los muchachos les dieron la espalda para marcharse.

—¡Ajá! Los muertos de hambre siempre encuentran entre los de su clase quien se haga cargo de ellos —se burló Hawkwood.

White se dio media vuelta y lanzó una sola estocada. La punta del sable se detuvo un centímetro antes de rozar la cara demudada de Hawkwood y éste salió en estampida escaleras arriba, a toda prisa, golpeándose las espinillas contra los pedazos del baúl, resbalando en los jirones de la toga negra. Los demás lo imitaron, aullando y chillando, jurando vengarse de White, llamándolo "descastado y caníbal". "No son más que niños, a fin de cuentas. Chiquillos", pensó Nathan al verlos en plena desbandada.

White dio vuelta al baúl roto con la punta del pie.

—¿Té quitaron algo? —preguntó.

—No. No —repuso Nathan—. No. Déjalo.

Entonces, el hijo del pirata (con quien Nathan apenas había cruzado palabra durante todo aquel tiempo en Graylake) le pasó el brazo por el hombro y juntos se alejaron a pie por la calzada de acceso al colegio.

Tamo White vivía extramuros del colegio, en un apartamento rentado en el pueblo. Estas excepciones eran permitidas tratándose de chicos mayores con cuantiosos haberes personales o dinero propio. White tenía una cuenta en el banco con ochocientas libras depositadas y un tutor que le administraba una suma aún mayor.

—Mi padre quiso que yo llevara una vida sin tacha —explicó White—. Pero también quiso donarme los dividendos. Los dividendos de su… vida productiva. Nunca encontró en ello nada paradójico, el viejo.

En lugar del sable, sostenía ahora un atizador al rojo vivo recién retirado del fuego. Lo sumergió en una damajuana de cerámica llena de vino tinto. Nathaniel nunca perdió de vista el atizador, sus ojos reflejaron el vapor, la espuma que se derramó del cántaro, el brillo del tarro de plata.

Mientras Nathan estudiaba el arte de preparar el vino, Tamo estudiaba al chico que acababa de rescatar. Las mangas colgando, los hombros contraídos sobre el pecho; cada vez que se volvía para mirar algo no giraba la cabeza sino todo el torso, con una rigidez cautelosa, angustiada. Las venas azules daban a su cabeza el aspecto de un queso Stilton y tenía la punta de la nariz roja y lastimada.

—Yo tampoco estuve presente cuando mi padre murió —dijo White—. Ignoro si hicieron lo apropiado. Jamás he visto su tumba.

—¡Hm! Una tumba. No se me había ocurrido —repuso Gull—. Tendrá que haber un funeral, supongo.

Se llevó el tarro a los labios y se los escaldó con el vino caliente.

—Cuando cayó enfermo, a mi padre se le metió en la cabeza enviarme de regreso a Inglaterra para recibir una buena educación y hacerme un hombre de provecho. Me puso tres tutores y me embarcó antes de que la enfermedad terminara de consumirlo. Durante un año o más estuve haciéndome ilusiones de que habría mejorado después de mi partida; que de pronto habría sanado y mandaría por mí, para tenerme a su lado. Pero estaba bien muerto. Debió morir antes de transcurrir tres días de mi salida de Tamatave.

El muchacho, pálido, giró su cuerpo hacia Tamo White, pero sólo dijo:

—¿Por qué te dejaste crecer el pelo?

Tamo se sirvió más vino, acomodando en un gesto automático su pelo detrás de las orejas. Su cabello tenía una textura fibrosa, crespa, voluminosa, como la melena de un león abisinio.

—¡Ah! Thrussell y Locke. Locke y Thrussell. Que cuelguen a Locke por bárbaro. ¿Qué beneficio puede aportar tener los pies mojados y la cabeza helada? ¡A mi manera de ver, nada sale de un huevo si no se lo mantiene caliente! —y soltó la carcajada. Una risa brillante, deslumbrante, que liberó de nuevo su cabello de detrás de las orejas—. Thrussell es un cochino bárbaro. Mira que calumniar a un hombre que acaba de fallecer. Y a su hijo. ¿Qué clase de tipo es capaz de semejante cosa?

—Me supongo que se sintió estafado —adujo débilmente Gull.

Tamo resopló con furia, listo para liquidar a esa criaturilla invertebrada, arrebujada frente a su chimenea.

—¿De verdad crees eso?

Gull frunció el ceño.

—No —dijo pensativo—. No —y prosiguió—. Creo que... creo que —aventuró despacio— deberían enchapopotarlo y colgarlo de la lengua en el vestíbulo principal, y rodear su cuerpo de cadenas y reducir a cenizas su colegio en sus narices y que Locke sirva para prender el fuego. Y rellenar con papel a todos sus tíos y sus tías y plantarlos como espantapájaros en los sembradíos. Y que Betterton y Wase lo reciban en el infierno con sus chaquetas azules. Y que mezclen sus cenizas con melaza y sellen con ellas las barricas de ron. Todo por decir esas cosas de mi papá. Aunque fueran ciertas; que no lo son.

Tamo se quedó patidifuso.

—¡Caray! —dijo.

Y en la primera oportunidad cargó con la damajuana a su recámara. Locke, en sus *Consideraciones en torno a la educación*, prohíbe el vino o las bebidas fuertes, y con un párroco menesteroso por padre, probablemente era la primera ocasión en que el buenazo de Gull probaba el alcohol. Un tarro más y el chico caería desmayado o saldría en pos de Thrussell para tumbarle los dientes.

Cuando Tamo salía de su recámara, con una chaqueta suya para prestársela a Nathan, le preguntó qué pensaba hacer; si tenía dónde ir, alguien que lo alojara. Pero nadie contestó.

Gull se había resbalado de la silla hasta quedar sentado en el tapete frente a la chimenea. Dormía, ahogado de borracho, con la cabeza en el asiento y las botas húmedas siseando entre los rescoldos.

El hijo del pirata

Cuando Nathan despertó, no pudo discernir dónde se hallaba, ni enterarse de nada salvo de que tenía tortícolis. Parecía estar dentro de una suerte de larva, aguardando el momento de la eclosión. Luego se le ocurrió que la tela que envolvía su cabeza era lona, y debía tratarse de un sudario, en cuyo interior lo habían cosido. Gritó, se retorció, trató de zafarse, se dio la vuelta y... azotó en el piso de una recámara, cayendo desde una altura considerable. La hamaca de donde había sido expulsado se mecía encima de él en suave vaivén.

—Tengo una propuesta que hacerte —dijo Tamo White, que se encontraba junto a la ventana—: ¿Por qué no vienes conmigo?

—¿Cómo? ¿Adónde vas?

—A casa. No aguanto más. Aborrezco Inglaterra.

—¿Aborreces Inglaterra?

Aquello superaba sus entendederas, y con la cabeza estallándole...

—El frío. Las reglas. Los pequeños tiranos. Extraño mi casa. ¿Por qué no vienes conmigo? Nada te ata aquí.

—¿Dónde queda tu casa?

—En Madagascar, naturalmente. Mi padre fue Thomas White; creí que lo sabías. El sensible Thomas White del Océano Índico —se advertía en su voz un completo autoescarnio, así que Nathan dio por hecho que aquella idea de marcharse era producto de la imaginación desbocada de un estudiante; nada digno de tomarse en serio—. Dos de mis tutores han muerto; los que prometieron a mi padre conducirme por la senda del bien. El tercero opina que ya he ido lo suficiente a la escuela para un chico de mi edad. Cree que a estas alturas tengo más educación que el rey. Si le digo que me gustaría darme una vuelta por casa antes de dedicarme a los negocios, me llevará en su barco. Todo es cosa de llegar y nadie conseguirá sacarme de ahí.

—¿Te atreverías a vivir entre los piratas? —preguntó Nathan en un susurro espantado. Recordó los grabados de sus libros: los rostros patibularios, los alfanjes, las singulares torturas, las madrigueras de la perversidad.

—¡No! —farfulló Tamo, mientras arrastraba su baúl hacia el centro de la pieza. Era un cofre auténtico de marino, con refuerzos de hierro y la tapa abombada. Dentro había ropa de hombre; no de muchacho, de hombre—. Madagascar es un sitio grande, vasto. Podría volver al pueblo de mi clan, un pueblo de cazadores de cocodrilos. No tendría que vivir con la tropa.

—¿Vivir con los salvajes, dices?

Tamo se le quedó mirando, asomado tras el borde del baúl, con cara de pocos amigos, en espera de una disculpa. Pero a Nathan no le pasó por la cabeza que lo hubiera ofendido.

—Yo soy un salvaje. Mi madre era una salvaje. De blanco no tengo más que el nombre, por si no lo sabías.

—Sí, pero tu padre…

—Mi padre no quiso que yo fuese como él. Por eso estoy aquí. No quería que yo fuera Thomas White II.

—No. ¡Quería que fueses un caballero!

Gull no tenía intenciones de mostrarse puntilloso, pero atravesaba un momento de sensibilidad extrema respecto al tema de los padres. Ansiaba tener un padre a quien preguntarle: "¿Y ahora, qué hago? ¿Adónde me dirijo?"

Tamo dio un puntapié al baúl.

—Pues eso sí no lo pudo comprar con su oro, ¿qué te parece?

Nathan se deprimió. ¡Qué odio tan virulento! Se sintió perdido, al garete. El mundo entero era un caos por culpa suya. Él, cuya sola preocupación había sido siempre caer bien, evitar las cosas desagradables. Guardó silencio, mientras contemplaba al hijo del pirata hacer su equipaje.

Ni qué decirlo: era descabellado que a White se le ocurriera proponerle a Gull que marchara con él. Alguien habría ya decidido lo que él tenía que hacer. Alguien aparecería de un momento a otro para decirle adónde ir, qué hacer, cómo arreglárselas, qué le tenía deparado la vida en estas nuevas circunstancias. Dios tenía planes para Nathan; eso le decía siempre su padre. Más pronto que tarde, esos planes se le develarían. En su nueva condición de humilde (y ésa había sido siempre su naturaleza) estaba completamente dispuesto a seguir los designios de Dios.

Pero mientras permanecía allí sentado, mirando al hijo del pirata envolver un par de trozos de pedernal en un retazo de gamuza y empacarlos entre camisas limpias con cuello de encaje, tiritaba al sentir el chiflón helado del pánico. Entraba por debajo de la puerta. Hacía traquetear la ventana. *Huuuu. ¿Huuuu?* ¿Quién le quedaba en el mundo para decirle cuál era la voluntad de Dios? ¿Su padre? No. ¿El colegio? No. Ni amigos ni parientes. Ni siquiera la presión pertinaz del padre Tiempo, empujándolo entre los omóplatos, conduciéndolo de uno a otro. De pronto se veía obligado a decidir. Él, Nathan Gull. Tenía que decidir adónde ir y qué hacer para llenar el estómago y cubrirse la cabeza.

—Vente conmigo —insistió White al ver la boca fruncida de aquel jovencito—. ¿A qué te quedas aquí?

Nathan despegó los labios para negarse, pero no consiguió articular palabra. Despegó los labios para decir que sí, pero no se atrevió, temeroso de que aparecieran rostros en la ventana con expresión burlona y mofándose de sus ensoñaciones miserables. ¿Irse con los piratas? ¿Nathan Gull?

Se incorporó de improviso y, al salir de la habitación, se golpeó con el marco de la puerta. No lograba entender por qué Tamo White venía tras él, sin acordarse de que él mismo acababa de ordenarle: "¡Acompáñame!"

Nathan echó a correr hacia el colegio. En el camino pasó de largo delante de tres iglesias, pues ninguna de ellas servía a su propósito. Luego de oír misa en la capilla de Graylake durante tantos años, le resultaba imposible concebir a Dios, como no fuera en el colegio. Subió corriendo la calzada, esquivando los enormes robles, para que nadie lo viera. Y se dejó caer exhausto dentro de la monumental nave de la capilla, cuya construcción fuera auspiciada por el mismísimo rey.

—¿A qué vinimos? ¿Qué te propones? —le preguntó acezando Tamo White.

—¡Preguntar! —contestó Nathan, aún sin aliento—. Mi padre me dijo… —había trepado a la base del facistol y pugnaba por abrir la gran tapa de cuero de la Biblia. Estaba cerrada con una cadena. Un candado en la Biblia. A pesar de ello, era posible separar un poco las páginas—. ¡Acude al Señor, en tus tribulaciones!

Se lo había oído a su padre alguna vez. Nathan lo imaginaba ahora: los ojos cerrados, el índice descansando encima de la Biblia abierta y la otra mano empuñada contra el pecho; la taza de té sobre la mesilla traqueteaba por el fervor: "¡Pregúntale al Libro, Nathaniel! ¡Atiende a la voluntad de Dios, en tus tribulaciones!

La gélida carrera hasta la capilla y la profanación del facistol habían agotado la efusión de osadía de Nathan. Ahora ya sabía lo que iba a hacer. Pediría prestadas unas monedas a White para poder ir a casa y asistir al funeral. Y si en el entierro se topaba con alguien —el consejero familiar, el tendero o algún vecino entrometido—, le pediría que le dijera qué hacer con su vida. No era sino un colegial, a fin de cuentas, y nadie supone que los colegiales tengan que tomar decisiones por sí mismos. De cualquier manera, sus manos gélidas arrugaban las finas hojas del libro entreabierto y con el puño de la camisa arañaba los cantos. Acercó su nariz magullada y húmeda a la rendija y se asomó.

—¿Qué tratas de hacer? —preguntó Tamo White.

—Mi padre…

—¿Qué cosa? ¿Fue él quien escribió ese libro?

—¡Cómo crees! —(había olvidado que Tamo era semisalvaje) puso la mano extendida sobre una página. Leyó por entre sus dedos—: “Los hijos de Aser según sus clanes fueron: de Imna, el clan de los imnaítas; de Isvi, el clan de los isvitas; de Bería, el clan de los beriaítas…”

Nathan hizo un nuevo intento; en alguna parte del Nuevo Testamento: los Evangelios. Las palabras dentro de aquella grieta pululaban como hormigas desconcertadas al levantar una piedra. Por fin, sujetó un versículo con la punta del dedo y consiguió afocar la mirada:

—"Dejad que los muertos entierren a sus muertos".

Fue tal el golpe que le descerrajaron las palabras, que cayó hacia atrás desde el facistol encima de Tamo, quien lo detuvo y evitó que así azotara contra el piso.

—Sí, sí me voy. Me voy. Me voy contigo a Madagascar —dijo. Su voz retumbó en el interior de la nave vacía, rebotando en la caoba tallada y en los rostros azorados de los ángeles de yeso.

—¿Qué están haciendo aquí?

No se quedaron para averiguar quién los había descubierto. Salieron corriendo por la sacristía, azotando la puerta tras ellos. Con el golpe, la capilla real reverberó como un tambor. Pero Nathan no pudo escucharlo; se lo impedía el latir de la sangre en sus oídos. ¡Se iría a vivir con los piratas! ¡Sus sueños se convertirían en realidad, en una isla lejana, viviendo entre los salvajes!

Volvieron corriendo por la calzada, en medio del aguanieve, zigzagueando entre los vetustos robles, acariciando con sus manos la corteza. ¡Bebería ron y comería cocos y construiría una choza de hojas de palma! ¡Dios acababa de dar su consentimiento!

Fue entonces, en el preciso instante en que sentía que su corazón se libraba del peso del miedo y la desesperación, cuando la vio.

Su carilla en forma de cuchara tenía el color del estaño oxidado, la lluvia le había aplastado contra el cráneo su cabello lacio, el frío y el llanto le habían puesto roja la nariz. Su hermana. Allí estaba Magda, aferrada a la verja del colegio, la frente apoyada en los barrotes, con la débil esperanza de ver a su hermano, a la única persona que le quedaba en el mundo.

Por un momento, Nathan la odió. Aparecía nada más para echar por la borda sus ilusiones, para echar a pique sus sueños de gloria. Se había olvidado de ella —como todo el mundo—, la había pasado por alto. No hacía media hora, ansiaba hallar un alma en la Tierra que le perteneciera, que fuera parte de su familia. Pero ¿por qué ahora tenía que venir Magda a recordarle que, después de todo, sí tenía una familia? Se detuvo, resbalando sobre el pavimento, justo cuando ella lo vio.

—No puedo irme.

Tamo White aulló desesperado.

—¿Y *ahora* qué? —preguntó.

Estaban tan cerca de Magda que ella podía escuchar lo que discutían, pero no osó traspasar la verja; hubiese sido impertinente, impropio. Su rostro se arrugó en renovado llanto. Sus manos de muñecas delgadas se tendieron a través de los barrotes, implorando a su hermano consuelo. Nathan continuó despacio hacia la salida. Pisándole los talones, Tamo no paraba de despotricar.

—¿Y *ahora* qué? ¿Cuál es el problema?

Nathan abrió la pesada verja. Magda se le abalanzó, sollozando como una loca.

—No puedo ir. Tengo una hermana —explicó Nathan al hijo del pirata.

—¡Pues que venga contigo!

Allí permanecieron, golpeados por el granizo. Los gránulos de hielo se posaban momentáneamente en la cabeza de Magda y luego se fundían entre los mechones de su cabello. La piel del chaleco de Tamo relucía con los diamantes de granizo.

Nathan meneó tristemente la cabeza. ¿Llevar a su hermana a vivir entre los salvajes, a mil millas de casa?

—¿Llevarme adónde? —preguntó Magda sorbiendo por la nariz y tiritando de frío.

Tamo White le dedicó una florida caravana.

—A Madagascar, señora. Me vuelvo a casa y he invitado a su hermano a que me acompañe.

Nathan rio con sorna, a pesar suyo, en una mueca de infelicidad. ¿Llevarse a la atareada Magda a Madagascar? ¿A un millón de millas de la decencia cristiana? ¿A mezclarse con caníbales, marineros solitarios, enfermedades y bestias salvajes?

—No hagas caso —aconsejó a su hermana—. Son fantasías, nada más. Estaba haciendo castillos en el aire. Ya me conoces.

Nathan encontraba consuelo en la idea de que no tardaría en morir de una pulmonía por estar parado bajo la lluvia; eso pondría fin a sus dificultades.

—Me temo que no podríamos costear nuestro pasaje, señor —explicaba Magda al hijo del pirata.

—No será necesario, señora. Mi tutor es dueño de un barco. Pensaba hacerme a la mar con él.

Nathan se quitó la chaqueta prestada y se la puso a su hermana, aunque estaba tan empapada que el gesto difícilmente pasaría por un acto de caballerosidad. Fue más bien como colgar una cobija alrededor de la jaula de un pájaro para no escuchar sus graznidos.

—Muy bien, señor —repuso Magda—. Le estamos sumamente agradecidos por su bondadosa invitación —y añadió—: ¿Cuándo partimos?

De regreso de la misa vespertina, con los pulgares enganchados en la sisa del chaleco y escuchando el trino de los tordos en torno suyo, el doctor Thrussell aguardaba la llegada de un nuevo estudiante al día siguiente. Hijo de padres prominentes. El honor y los ingresos por venir lo compensaban hasta cierto punto por el comportamiento criminal de ese patán de Gull. Conque muerto, ¡y sin un céntimo! ¿Adónde había llegado la Iglesia de Inglaterra? Cuando menos Dios había hecho lo posible por resarcir al colegio por el fraude perpetrado en su perjuicio.

Con el pie, golpeó un recipiente semivacío, y lo que había dentro salpicó sus tobillos. Thrussell husmeó: un hedor desagradable, a rastro. Se agachó para inspeccionar el contenido de la lata. Sangre de cerdo, concluyó. Poco más allá, encontró el palo empleado por Tamo para untar la sangre y, al enderezarse, leyó las palabras embarradas en el muro de la capilla real.

—¡Gull! —expelió el nombre de entre sus labios como un estadillo. Ni siquiera el hecho de que el latín fuera correcto atenuó la rabia que al rector no le cabía en el cuerpo e hizo que sus pies comenzaran a bailar sin moverse de su sitio. Un nuevo y valioso pupilo llegaría al día siguiente y a todo lo largo del muro de la capilla podían leerse las palabras, garabateadas con sangre de cochino: *de mortuis nil nisi bonum.*

Nunca hables mal de los muertos.

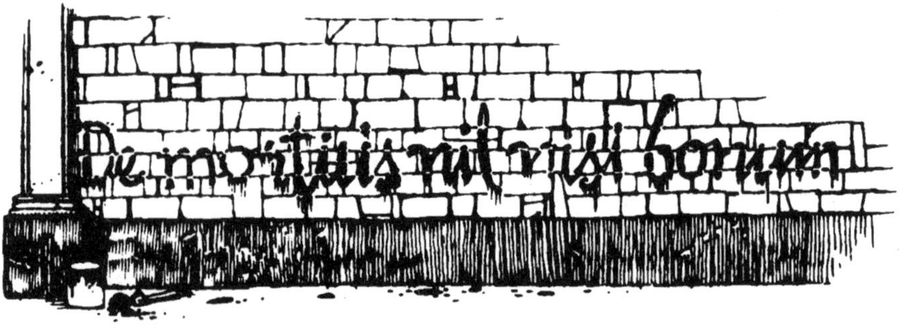

Madagascar

Sentía el calor ovillado en su pecho como un gato. En torno suyo, el mar verdeazul respiraba con suaves ondulaciones de su lomo musculoso, y de cuando en cuando los peces voladores quebraban de un salto la superficie vidriosa para caer más adelante, sobre su propio reflejo. Nathan no los veía, porque tenía los ojos cerrados; pero podía escuchar las exclamaciones de Magda, maravillada cada vez como si fuese la primera. Los delfines saltaban en formación bajo el cabeceo de la proa, escoltando al bajel en su viaje a Madagascar. De repente, el miedo se descolgaba de los aparejos y se clavaba en Nathan como el pico de un marlin… Madagascar; pero la mayor parte del tiempo se hallaba tan cómodo, tan despreocupado, que no pensaba en el porvenir. Bastábale el presente.

Por el contrario, el mareo no había dado tregua a Tamo White desde que zarparan de Inglaterra. Su inclinación por vivir en el presente era menos acentuada. "¿Cuándo llegaremos? —preguntaba sin descanso al capitán—. ¿Cuánto nos falta?"

Para distraerlo, el capitán Sheller, su tutor, procuraba iniciarlo en la marinería, la navegación y esas cosas. Pero el detalle de que fumara una pipa de arcilla, echando el humo en la cara de Tamo mientras le hablaba, hacía que las lecciones rara vez se prolongaran mucho. De los tres tutores de Tamo, el francés había muerto de tifo en Marsella; el holandés-americano, dueño de un astillero, se había ido a pique con uno de sus navíos en los arrecifes de las Bermudas. Quedaba sólo el capitán Sheller, un hombre jovial y rubicundo, de hablar tan vago que no quedaba del todo claro hacia dónde o para qué hacía surcar los mares al *Ternura*, su goleta de tres palos.

—¿Qué hacía usted en la isla cuando mi padre le pidió que fuese mi tutor? —le preguntó un día Tamo.

—La obra del Señor, hijo. La obra del mismísimo Señor.

Tamo entonces pensó que Sheller debía de ser misionero.

Sheller vestía un chaleco escocés debajo de una chaqueta roja y usaba un tricornio: el lado plano prolongaba su frente y los picos sobresalían por encima de sus orejas y sobre el cogote. El sombrero daba a su cabeza proporciones gigantescas y hacía parecer su capacidad mental mucho mayor que la de otros hombres. Sin embargo, él daba la impresión de ser un hombre más bien indeciso y distraído que sorteaba con dificultad las complicaciones de la vida, y rara vez terminaba una frase sin olvidar cuál había sido su propósito inicial. De hecho, ni siquiera había podido recordar cuál era el destino final de su barco cuando accedió a llevar a Tamo y a sus dos amigos de vuelta a Madagascar. Nathan se había figurado que Thomas White habría elegido como tutores de su hijo a unos piratas de negro mostacho, escasos de ojos y dentadura. A todas luces, el capitán Sheller no era pirata. Apenas probaba el aguardiente y guardaba una Biblia dentro de una caja de corcho, atorada entre los rayos de la rueda del timón. Sus mejillas estaban siempre rasuradas y sonrcía a los chicos con zalamería cada que alguno de ellos se volvía a mirarlo.

—El tío Jacques me dijo, antes de morir, que hoy día los piratas andan por todos lados, desde Tamatave hasta la bahía de Antongil —dijo Tamo—, y también en Masselage y San Agustín y Matitanana.

—En ese caso, es mejor que los desembarque en algún otro sitio, cariñito, ¿no te parece? —respondió el capitán sin ocultar su buen humor y dándole un ligero golpe bajo la barbilla—. El tío Noé sabrá cuidarte, confía en mí.

Y guardó bajo llave, en su propio camarote, el baúl marino de Tamo.

—No hay precaución que esté de más en estas épocas, cariñito... con tanto rufián suelto por el mundo.

—Lo había olvidado —confesó Tamo a Nathan—. Había olvidado lo del mareo. De camino a Inglaterra no me importó demasiado. Me impedía pensar. No se puede estar mareado y llorar al mismo tiempo.

Nathan abrazó sus rodillas contra el pecho. Le resultaba muy poco agradable hablar de cosas así. De cosas como llorar. Los chicos de Graylake no lloran.

—Entonces ¿tú no querías ir a Inglaterra?

—¿Y separarme de todos mis conocidos? ¿No volverlos a ver nunca? De mi madre, por ejemplo. ¿Tú conociste a tu madre?

Nathan tragó saliva con dificultad. ¿De verdad a alguien podría interesarle? Él no era muy bueno para hacer confidencias. Su padre le decía siempre: "A nadie le interesan tus problemas, muchacho. Cada quien tiene los suyos". Tragó saliva de nuevo y dijo:

—Murió al nacer Magda. A veces me parece que la recuerdo, pero es sólo lo que me han contado de ella. Recuerdo un vestido azul... En fin, no tenía ni dos años cuando ella murió.

—Yo sí recuerdo a la mía —afirmó Tamo categóricamente—. La recuerdo empujando una canoa por la playa hacia el agua y luego cruzando la reventazón. Era demasiado pesada para ella. Yo estaba asustado. Llegó remando hasta el barco. Llevaba puesta su falda roja: roja con verde. Me llamó. La canoa golpeaba contra el costado del barco y yo tenía miedo de que fuera a pasarle algo. Le dije: "Vete, mamá". Quería darme un collar de dientes de cocodrilo, para la buena suerte, pero la borda era muy alta y ella estaba allá abajo... Había un marinero lavando la cubierta. Le pedí que bajara su cubeta para que mi madre pudiera hacerme llegar el talismán. No me entendió. Le arrebaté la cubeta, pero yo era muy pequeñito, muy torpe. Cuando la dejé caer, le pegó a mi madre en la cabeza. Y cuando intenté izarla, el collar se cayó y lo perdí. Mamá se cogía la cabeza con las manos y yo pensé que estaría furiosa conmigo por haberle hecho daño y haber perdido el amuleto. Me alejé corriendo de allí hacia la otra banda. Y cuando volví a mirar, ella se alejaba remando hacia la playa. Y sentí miedo por ella. Por los tiburones y eso.

—¿Tiburones?

Hasta este momento Nathan había imaginado Madagascar de mil maneras diferentes. Ahora veía solamente tiburones. Tiburones y cocodrilos. Quiso preguntar: "¿Y qué más? ¿Qué otra cosa no me has dicho? ¿Voy a tener que pasar día y noche trepado en un árbol escondiéndome de las fieras?"; pero Tamo pensaba en su madre y le habría parecido egoísta de su parte, y cobarde, ni qué decirlo. Así que lo que preguntó fue:

—¿Sabe tu mamá que vienes?

Tamo le contestó con un extraño gruñido, mientras las lágrimas le escurrían sin tropiezo ni vergüenza por las mejillas.

—¡Cómo crees! ¿Crees que podría haberle escrito? ¿Tú crees que mi mamá se educó en Graylake? ¿Crees que sabe leer el inglés del rey? O a lo mejor crees que lleva cinco años esperándome en la playa... De seguro se marchó. Por nada se quedaría.

Después de que murió el viejo no iba a quedarse a vivir entre esa escoria. Habrá vuelto con los suyos. ¿Cómo le parece a usted mejor que la busque, maese Gull, señor? ¿Le parece bien que me suba a una colina y desde ahí le silbe?

Magda se distrajo de la contemplación de los peces voladores cuando escuchó que Tamo alzaba la voz enfurecido. Se acercó corriendo desde la borda y se instaló entre los dos muchachos, con las manos circunspectamente entrelazadas delante de la cintura. Era su reacción habitual cada vez que oía voces destempladas. Los últimos meses que pasó en casa, cuando empezó a faltar el dinero, tuvo que proteger más de una vez a su padre de la cólera de los comerciantes que iban a cobrarle.

—Lo ayudaremos a encontrarla, señor White —dijo sonriendo con dulzura al hijo del pirata.

Tamo estaba fuera de quicio, pero no tenía ninguna experiencia en discutir con chicas.

—Es que ustedes no entienden. Es grande: Madagascar es grande.

Grande como Inglaterra. Mucho más grande que Inglaterra. ¡Es tan grande como Francia, o como Italia, o como Rusia!

Magda se puso en jarras y desde arriba le dedicó una mirada escéptica. Era evidente que no estaba convencida de la inmensidad de Madagascar.

En el magín de Tamo, aquella vastedad (que se había demostrado a sí mismo con ayuda de globos terráqueos, mapas y atlas) contendía con sus recuerdos. El Madagascar que guardaba en la cabeza era una hilera de chozas, un ruido de pollos, un plato de arroz, un sembradío de calabazas y el olor de la cordita cuando su padre se sentaba a la puerta a disparar a las codornices. Anhelaba volver a casa, a los lugares conocidos; ¿pero reconocería algo al desembarcar en un paraje ignoto de la costa, lejos de Tamatave? Quizá no conociera nada, con excepción de ese par de ingleses. Para poner punto final a la discusión dijo:

—No volveré a ver a mi madre. Es imposible. Y ya déjenme en paz.

En ese momento el navío alteró ligeramente el rumbo y viró escorando en el cuenco de una gran ola. Tamo White se precipitó corriendo hacia la barandilla.

Nathan también se dolía de su ignorancia. Le habría gustado tener tiempo para leer algunos libros sobre Madagascar; saber qué podía comer… o qué podía comérselo, ¡lo que fuera! Se le antojaba sumarse a las lecciones de navegación, pero no quería abusar del tiempo y la gentileza del capitán Sheller. "Más te darás a querer, Nathaniel, cuanto menos digas", le decía siempre su padre.

Así que trabó amistad con uno de los dos pilotos del barco, Charles Hardcastle. Si desconocía todo de Madagascar, cuando menos aprendería un par de cosas del mar circundante. Charles Hardcastle, oriundo de Tilbury, halló muy de su agrado la compañía, pues justo antes de enrolarse en la tripulación le anunciaron que su mujer esperaba su primer hijo. Esto le había abierto un panorama enteramente nuevo acerca de los niños y encontraba en Nathaniel una oportunidad maravillosa para conocerlos.

—Ojalá mi muchacho salga tan listo como tú —le decía a Nathan—. Ojalá mi hijo sepa arreglárselas tan bien como tú, si se queda solo en el mundo.

A punto de ser padre él mismo, encontraba tristísimo pensar que Nathan acabara de perder al suyo y lo dejaba platicarle horas enteras sobre el reverendo Gull mientras, inclinado en sus mapas, hacía laboriosos cálculos de mareas y vientos.

—Fíjese que mi padre avaló un préstamo para uno de sus parroquianos, o sea que se comprometió a pagar, en caso de que quien pidió el préstamo no pudiera; y cuando este señor perdió todo su dinero, pues mi padre tuvo que pagar, aunque no fue él quien pidió prestado ese dinero. Dice Magda que trató de pagar los intereses con su sueldo; pero no fue suficiente y tuvo que pedir más dinero prestado al banco, y ya no le alcanzó para los abonos. Nunca tuvo ahorros y no podía vender el terreno de la parroquia porque no era nuestro y nos quedamos sin nada con qué vivir y nadie lo sabía excepto Magda, porque mi padre no quiso que yo me enterara, por miedo a que interrumpiera mis estudios y, claro, creyó que las cosas se arreglarían: Dios enderezaría aquello. Dice Magda que mi padre pedía todo el tiempo a Dios que lo ayudara.

—Ojalá que mi hijo me recuerde con tanto cariño, cuando me haya ido —comentó Charles Hardcastle.

Era raro que hubiese dos pilotos. Ni el mismo Hardcastle lo entendía, porque además a él le habían ofrecido un sueldo muy por encima de lo normal.

—Fue lo que me decidió a dejar sola a Heskia en un trance como éste. Le pregunté al capitán Sheller: "¿Y para qué necesita dos pilotos?", pero él tampoco parecía estar muy enterado.

—Sí. Anda en las nubes, ¿no le parece? —dijo Nathan sonriendo.

—No lo creo —repuso Charles Hardcastle, y se cubrió cortésmente la boca con la mano para toser.

—¿Adónde vas, exactamente, tío? —preguntó Tamo. (Siempre llamó "tíos" a sus tutores.)

—A dos o tres lugares. A dos o tres lugares, hijo —repuso el capitán Sheller.

—Qué amabilidad la suya —añadió Magda, por centésima vez—: desviarse de su rumbo por nosotros, capitán. Ruego a Dios que no resulte peligroso para usted.

—Por una señorita tan linda como usted, cariño —repuso el capitán, con tal efusión de ternura que la cabeza se le fue de lado—, navegaría hasta China y le jalaría las barbas al emperador.

Magda rio y se le subieron los colores, y enlazó sus manos sobre la barriga. A escondidas, tejía un par de medias de lana para el capitán; a tal punto llegaba su estimación por él. Pero para Nathan era evidente que ella odiaba ser el centro de atención y por eso cambió el tema de la charla. Además, estaba ansioso por saberlo:

—Oye, Tamo. Esos dientes de cocodrilo… ¿de verdad son de cocodrilo? Quiero decir que si… digamos, ¿es frecuente toparse con uno? O sea, ¿cómo haces para matar a un cocodrilo?

—¿Matar a un cocodrilo? ¡Ni se te ocurra! —exclamó Tamo White, pasmado por el disgusto—. ¡Son *fado*! ¡Los ancestros de algunas personas son cocodrilos! ¿Serías capaz de matar al ancestro de otra persona?

Los hermanos se miraron uno al otro y cuando se volvieron hacia Tamo, ambos habían abierto la boca para decir algo.

Pero habiendo husmeado la pipa de arcilla del capitán, Tamo partió una vez más en busca de la barandilla.

—¿Adónde dijo que se dirigía su barco, capitán Sheller? —preguntó Nathan.

—A dos o tres lugares. A dos o tres lugares, muchacho.

Apareció Madagascar como un cocodrilo gigantesco dormitando sobre el horizonte. Era tan verde como el ligustro y podría haber sido tan grande como Francia o del tamaño de un jardín. Pero tres horas de navegar hacia ella no parecieron acercarlos gran cosa. Seguía siendo un espejismo verde, carente de todo detalle. Nathan pensó de pronto que se alejaba, arrastrada por

las mareas o nadando como una ballena: jamás conseguirían poner un pie en ella. No lo lamentó mucho.

—Déjame ver, tío —pidió Tamo al capitán que recorría la costa con un catalejo.

—No hay mucho que ver, hijo. Todo son árboles.

Nathan se alejó en busca de su amigo el piloto. Hardcastle había extraído un mapa de un tubo de cuero y le buscaba acomodo sobre su mesa amontonando cosas en su hamaca: reglas, tinteros, cálamos, tazas, un plato, un catalejo.

—¿Conoce usted bien estos rumbos? —le preguntó interrumpiéndolo.

—Bastante bien. Antes trabajaba en la Compañía de las Indias Orientales. He pasado de largo muchas veces... Pero no los conozco tan bien como Sheller. Él ha surcado estas aguas toda su vida, según dicen.

—¿Yendo hacia dónde? ¿Adónde se dirige, exactamente?

En el pecho de Nathan comenzaba a alentar la esperanza de permanecer a bordo y desembarcar en algún lugar del planeta más civilizado, aunque igualmente remoto. Aun si ello implicara separarse de su nuevo amigo, cuando menos era su deber para con Magda investigarlo. Había que tener en cuenta el asunto aquel de los tiburones y los cocodrilos.

—¿Adónde? Pues a Madagascar, naturalmente.

—No, no. No me refiero a este viaje. Él nada más va a dejar en tierra a Tamo White. ¿Adónde se dirigirá después?

—¿Después? A ningún otro lado, muchacho. Luego de Madagascar, vamos de vuelta a casa. Mientras más pronto, mejor para mí. ¡Ah!, ya faltan pocos días, Nat. Mira que estar a ocho mil millas de la señora Hardcastle en un momento como éste.

Dicho lo cual deslizó sobre el mapa una regla paralela, trazando el rumbo que seguían y proyectándolo en línea recta hasta el corazón de la palabra "Tamatave".

—¿Dice usted que ése es nuestro destino?

Charles Hardcastle enarcó las cejas y resopló como un caballo.

—Cuando un hombre puede ganar lo que el capitán Sheller gana en un viaje a este lugar, ¿por qué habría de abollar la quilla de su barco en otra parte? Hermoso lugar. Hermoso, por donde se lo vea. Guardaré un grato recuerdo de él, permíteme decirte, cuando esté bien calientito, de vuelta en mi casa de Tilbury.

Nathan señaló el lugar con el dedo.

—Pero no ahí. No puede dirigirse ahí, donde viven los piratas.

Nos va a dejar cerca. En algún lugar donde no haya piratas —aclaró Nathan.

Hardcastle pareció sorprendido.

—Pues a mí no me ha dicho nada.

Volviéndose para examinar el mapa, arrastró el dedo recorriendo la costa por encima del barniz que lo protegía, craquelado y pardo. Lo interrumpió alguien que tocaba a la puerta.

—El capitán Sheller quiere hablar un momento con usted, señor Hardcastle —avisó el grumete.

—Debe ser eso lo que quiere comunicarle —dedujo Nathan muy seguro.

Luego de que Hardcastle hubo salido, Nathan se entretuvo rondando por su camarote, esperándolo. Tomó asiento en un banquillo junto al escritorio y se puso a mirar el mapa titulado "Madagasikara". Vio islas y arrecifes y una cenefa de nombres de lugares. Parecía como si el interior estuviese enteramente despoblado, pues tierra adentro no se veía un solo nombre. Aunque, pensándolo bien, los marinos no requieren conocer de un lugar nada más que sus fondeaderos, sus bajos, las prominencias costeras.

Los nombres eran extraños, de medio kilómetro de largo y parecidos a las palabras que usaría un hechicero: *Ambodifototra, Farafangana, Helodranon i Mahajamba.* "Abracadabra", masculló despacio Nathan y se volvió para asomarse por la claraboya, que iluminaba el mapa con un soleado rayo circular.

Los reflejos solares acuchillando el agua lo obligaron a entrecerrar los ojos. Entonces recordó que uno de los objetos que Hardcastle había amontonado en su hamaca era un catalejo y fue a traerlo. Lo sacó por el agujero de la claraboya. Las uniones estaban bien aceitadas. Las lentes eran potentes. Mientras buscaba el horizonte, se afocó de pronto una imagen circular, surgida de un borrón azulenco: un navío.

Un barco se aproximaba velozmente hacia la amura de estribor: un casco destartalado de maderas negras como la pez ostentando un velamen de retacería en el palo mayor y sin trapo alguno en el trinquete, que se meneaba como un borracho, inclinado sobre la cubierta. Del palo de mesana colgaba una bandera negra, de un género inapropiadamente pesado, que no cogía viento.

Nathan sintió el estómago darle un vuelco. El catalejo se le fue de las manos y se escurrió por la claraboya, precipitándose al agua donde desapareció sin rastro de salpicaduras. Nathan aguzó la vista; el barco todavía estaba ahí. Ahora parecía tan lejano que apenas alcanzaba a adivinar la enseña en el mastelero… Era urgente avisar al capitán Sheller. Tamo y Magda tenían que saberlo.

¡Piratas!

Tamatave

—¡Piratas! ¡Piratas! —gritaba Nathan, dando grandes zancadas por toda la cubierta de madera—. ¡Piratas! ¡Piratas!

Sus lecturas debieron alertarlo. Sheller se había acercado en exceso a la guarida de algún pirata y éste había husmeado el rastro de una presa fácil. ¡Los piratas! ¡Los piratas!

Magda dejó escapar un chillido y se cubrió el rostro. Tamo, que no conseguía distinguir nada, comenzó a trepar por la tabla de jarcias. El capitán Sheller no se inmutó.

—¿Dónde dices que los viste, muchacho?

Limpió el ocular de su catalejo con meticulosidad, valiéndose de una esquina de su chaleco de cuadritos. Luego se lo puso con calma delante del ojo. Barrió el horizonte, comenzando por el lado de babor, sin importarle que Nathan señalara hacia el lado opuesto. Por fin, el telescopio se detuvo apuntando al lejano navío.

—¡Sí! ¡Allí! ¿Los ve? ¡Ya los ve! ¡Piratas!

El capitán Sheller plegó su catalejo y lo enfundó en un bolsillo alargado tras los faldones de su casaca.

—No es más que un mercante isleño —afirmó.

Magda permanecía aterrada, apretando los ojos. Tamo se descolgó sobre la cubierta y fulminó con la mirada a su compañero de colegio. Nathan buscó a Hardcastle, pero no se le veía por ninguna parte sobre cubierta. Trepó encima de un cabrestante y trató de distinguir el barco entre el reflejo cegador del mar brillante. Apenas se distinguía, ahora alejándose, con la proa vuelta hacia tierra. Se dejó caer a horcajadas sobre el cabrestante y allí permaneció sentado hasta que Tamo se acercó y lo derribó de un empellón.

—*"De piratas leyó Gull tantas patrañas,*
que el coco se llenó de telarañas."

—Sí era un barco pirata —replicó Nathan entre dientes—. Lo vi con el catalejo del señor Hardcastle. Una bandera negra y las troneras abiertas. ¿Por qué se habrá devuelto?

Tamo resopló.

—*"De piratas leyó Gull tantas patrañas..."*

—Porque reconoció nuestro barco; por eso —prosiguió Nathan—. Porque están esperando al capitán Sheller. Va a fondear en Tamatave.

—¿Quién te lo dijo?

—Te lo voy a mostrar.

Nathan se puso de pie y, echando una ojeada furtiva, tomó por el brazo a Tamo y lo condujo hacia popa, al camarote de Charles Hardcastle.

Del piloto ni sus luces, pero el mapa seguía sobre el escritorio, con el curso trazado hasta el mismísimo puerto de Tamatave.

—¿Lo ves? —masculló Nathan—. Él también es un pirata.

—No. No es verdad.

—¡Claro que lo es! ¡Date cuenta! No porque sea tu...

—No es un pirata —insistió Tamo, atando a su vez algunos cabos—. Pero tienes razón. Su destino sí es Tamatave. Va a comerciar con los piratas. Es un traficante.

De pronto, White adoptó un tono belicoso.

—¿Y, a fin de cuentas, eso qué? Nunca pretendió pasar por un santo, ¿o sí? Nunca dijo que no fuese un comerciante.

Pero Nathan se daba cuenta de que Tamo estaba furioso. Lo supo al ver la forma en que perforó el mapa con un compás, dándole vueltas sin parar hasta que la punta de metal rechinó contra la superficie del escritorio.

—¿Verificando nuestro rumbo, muchachos? Bien hecho. Es un buen entrenamiento para ustedes.

En el quicio del camarote apareció el capitán Sheller con su ancha sonrisa. Su sombrerazo proyectaba una sombra cornuda sobre el mapa.

—Así que vamos a Tamatave —dijo su pupilo, como si la cosa no tuviera importancia.

—Es mi deber, hijo. Es mi deber. En cada viaje que hago, considero mi deber confiscar a esos pecadores irredentos sus riquezas mal habidas. Que se enteren de una vez de que el crimen paga costos e impuestos; que paguen, como todos los cristianos. Un recaudador designado por Dios, así es como yo entiendo mi misión.

—¿No es peligroso irse a meter allí? —preguntó Nathan, pensando en su pellejo.

—Colaborar con el Señor me hace ser temerario —repuso el capitán—. Además, ¿qué harían sin mí? Les llevo cosas indispensables. Vicios de los que no pueden prescindir —blandió el tallo de su pipa apuntando hacia tierra firme—. Apresuro su ruina proveyéndolos del licor que los mata. Si han elegido envenenarse con la bebida y el libertinaje, es obra pía ayudarlos en su cometido. ¿Les apetece estirar un poco las piernas bajando a tierra, chicos?

—¡No!

Nathan sintió una punzada en el estómago y el corazón a punto de reventar. ¿Mezclarse con los piratas? ¿Ver a los piratas en su hábitat natural? Eran la materia de sus ensoñaciones; precisamente en quienes había pensado durante las aburridas horas de su infancia. El faro que había alumbrado su tránsito por todos los días grises y desolados de su gris y desolada vida. Pero, ¿le gustaría conocer a alguno? ¿De verdad quería ver el artículo genuino? No, no quería. Ni hablar de ello. Allá abajo sería Nathaniel Gull entre los rufianes del mundo; ni héroe ni jefe pirata ni almirante temerario. Nada sino Nathaniel Gull, colegial, el de las muñecas flacas y las rodillas costrosas y sucias.

—No, gracias, señor —dijo a Sheller—. Permaneceré a bordo —concluyó.

—No tengo gran cosa qué hacer allí —terció Tamo White, absorto en jalar hilos de la manga de su camisa—. Pero creo que podría aprovechar para visitar la tumba de mi padre.

—Eso exactamente pensaba sugerirte —apuntó Sheller, palmeando las manos en un aplauso—. Corran a tierra mientras yo me dedico a mi penosa labor cristiana.

Sheller se dispuso a salir.

—Tendré que echar mano de mi cofre marino —dijo de repente Tamo.

—Tonterías, tonterías. Le daré a cada uno una guinea de mi bolsillo para sus gastos. Pero bien mirado, ¿qué creen que podría interesarles adquirir de estos desharrapados?

—No es dinero lo que necesito. Es un amuleto. Algo que me dio mi madre —insistió Tamo—. Quisiera dejarlo sobre la tumba de mi padre.

—Ah —el capitán Sheller pareció avergonzarse un poco y tanteó bajo su gran barriga, buscando la llave de su camarote—. Creí que esos profesores cristianos habrían carenado de ti todas esas supercherías de los nativos. Pero si así ha de ser... Ven, te abriré.

Ante la puerta de su camarote, el capitán se detuvo, dirigiéndose a Nathan.

—Vale más que le digas a esa linda hermanita tuya que permanezca a bordo, óyeme bien, amo Gull. Éste no es lugar para una muchacha. Dile que no se mueva de mi camarote hasta que zarpemos.

—¡Sí, sí, claro, señor! ¡Voy a hacerlo ahora mismo!

Entre tanto, una bahía malgache estrechaba cada vez más entre sus brazos verdes al navío. El sondeador en la proa anunciaba profundidades cada vez más someras hasta que el ruido ríspido de la arena gruesa del fondo pudo escucharse claramente a través de los tablones desnudos del barco y cruzando las aguas se dejaron escuchar voces de hombres.

Los barcos anclados en el puerto eran los más extraños que Nathan hubiera visto nunca. Desde muy lejos apestaban a chapopote y podían verse sus cordajes revueltos como cabelleras enmarañadas. Las velas eran parches y remiendos y los cascos escoraban alarmantemente. De los costados sobresalían duelas fuera de sitio y, sobre la cubierta, el óxido pintaba de rojo las chilleras, casi todas huérfanas de balas de cañón. Había un bajel de curiosa silueta, semejante a la panza de un mercader hindú; aunque se apreciaba que alguna vez fue magnífico, con ornamentos dorados desde el bauprés hasta las portas, lo aquejaba un melancólico abandono, como el de un puesto de feria en invierno.

Del muelle quedaba sólo el esqueleto, unos cuantos huesos montados precariamente juntos. El sol había blanqueado la madera hasta una palidez de hueso, como el tejamanil de las chozas sobre las laderas. Sólo la vegetación parecía completamente nueva, sobrecogedoramente nueva: se hubiera dicho que las palmeras habían brotado de la tierra como géiseres aquella misma mañana. A la distancia, un palio de humo colgaba sobre el verdor allí donde la selva estaba siendo quemada para dar lugar a un sembradío.

Mientras terminaba la maniobra de atraque del *Ternura*, en la orilla se congregaba cada vez más gente. Llegaban niños corriendo a zambullirse en la rompiente, sin intentar detenerse al llegar a la orilla. Nativas envueltas en telas de colores deslumbrantes se deslizaban serenas entre los claros de las chozas, dejándose entrever por sus dedos.

Después aparecieron los hombres, acomodando los hombros dentro de las casacas, aunque encima de sus cabezas brillaba el sol de mediodía y el calor era feroz. Chalecos y casacas y sombreros y altas botas marineras y fajas abultadas por las pistolas. Estaban hechos un asco; parecían carcomidos por la polilla y el calor les amorataba el rostro. Llegaron con paso torpe y ánimo rijoso hasta el embarcadero, como si los barcos de aprovisionamiento perturbaran su descanso todos los días del año. Un miembro de la tripulación del capitán Sheller se aprestó detrás del cañón de cubierta.

—Os saludo a todos, caballeros —vociferó Sheller—. Es un placer reanudar mi amistad con ustedes.

—¿No dijiste que habías perdido el amuleto que te dio tu madre? —preguntó Nathan, mientras aguardaba a que la pasarela recuperara su inmovilidad luego de que Tamo desembarcó.

—Olvida lo que dije —masculló White—. Y cierra el pico, ¿quieres?

Nathan se preguntó si lo desagradable del lugar no sería contagioso; si no estaría dejando a bordo la civilización y adentrándose en territorio salvaje.

—A lo mejor nos encontramos a tu madre —aventuró animoso.

—Ya te lo dije, ¿no? Jamás se quedaría entre esta gente. No después de que el viejo murió.

Cruzaron a pie la aldea y Nathan Gull mantuvo la vista escrupulosamente fija en el suelo, aterrado de mirar a alguien de frente por miedo a que lo degollaran. De trecho en trecho, unos puerquitos se cruzaban a toda prisa en su camino. Bajo la sombra de los árboles se cobijaban terneros con los cuernos retorcidos en formas insólitas y caprichosas. Afuera de una enramada, un extraño animal negro y blanco subía y bajaba por las paredes de su jaula. Un perro se perseguía la cola dando vueltas sin descanso.

A medida que los ruidos de la aldea lo cercaban, Nathan se

dio vuelta y siguió caminando de espaldas, tratando de no perder de vista el barco. Qué tal si zarpaban y lo dejaban allí a su suerte.

—No me da la impresión de que tu tutor los odie. Les da trato de amigos.

Tamo escupió. Refinadamente, al estilo de Graylake.

—¿Acaso los tiburones odian la carne? A ellos debe su riqueza, ¿no es cierto? Mayor que la de cualquiera de ellos, me figuro.

Atravesaron cultivos anegados, cercados por diques de lodo, que de hallarse en Inglaterra hubiesen sido otros tantos setos. Un niño hacía un agujero con el pie en uno de los diques para dejar pasar el agua del arrozal contiguo. Un grupo de mujeres obturaba otro con plastas de lodo limoso.

—¿Tendrá intenciones el capitán de llevarnos a otro lugar más lejos? ¿A algún sitio mejor que éste? —preguntó Nathan.

—Soy como un hijo para él. Se obligó bajo juramento con mi padre. No va a engañarme.

Pero la duda dio un timbre agudo y metálico a la voz de Tamo.

De pronto desembocaron en un conjunto de construcciones. Parecía cabalmente una aldea. Una aldea de postes tallados y quicios de bambú, arcos que se abrían hacia ninguna parte, pequeños rectángulos de cielo. Era el cementerio. De los postes colgaban efectos personales de los muertos: tazones y marmitas, prendas de vestir, sillas, canastos y collares. No dejaban de moverse al soplo de la brisa, chocando unos con otros y tintineando como los aparejos y velámenes de los masteleros.

Nathan consiguió expresar una generosa efusión de piedad ante la cándida ignorancia de los salvajes.

—Supongo que piensan que las personas necesitan sus cosas en el más allá —aventuró.

—No seas bruto. Están contaminados. Han estado en contacto con un cadáver, ¿no ves? A nadie pueden servir ya, a no ser como adorno.

Tamo se mesaba los cabellos, quitándose nerviosamente con los dedos el fleco de la frente mientras saltaba de aquí para allá

entre las tumbas. Nathan permaneció detrás de la cerca perimetral, murmurando el Padre Nuestro, su Catecismo entero, el Credo y, por último, canciones infantiles y fragmentos de poemas en latín. Todo con tal de no escuchar el susurro de la brisa al rozar los cinturones y los juguetes tallados en madera, de hombres y niños muertos.

A todas luces, Tamo White no daba con la tumba de su padre, no obstante su empeño, y aunque Nathan hubiera querido ayudarlo, mientras más se asomaba por entre los objetos colgados, más se topaba con lo que no quería ver: una silla de bejuco, una sandalia de niño, un remo. Eran muchísimos. Lo que primero les pareció un puñado de tumbas resultaron ser docenas, montones de ellas.

Pasaba por allí una mujer que cargaba sobre la cabeza una pila gigantesca de hojas de palma, con sus carnosas lenguas verdes escurriendo agua por delante y por detrás, siguiendo el vaivén de sus pasos.

—¿Tamo White? ¿*Capito* Tamo White? —preguntó Tamo.

La mujer señaló con el dedo en dirección a la jungla. Por primera vez, Nathan caía en la cuenta de que el hijo del pirata se llamaba igual que su padre; sólo que los isleños pronunciaban Thomas como Tamo. ¡Él, Nathaniel Gull, se encontraba en Madagascar con Thomas White!

Por fin, juntos la encontraron. El viejo pirata había recibido cristiana sepultura —debieron haberlo imaginado— en un apacible claro del bosque. Una cerca de estacas rodeaba la tumba para evitar que los cerdos salvajes hozaran en ella y lucía en la cabecera una cruz con un nombre bastamente tallado: CAPT. TOMAS WYTE. Alguien sembró sandías en el recinto y los pequeños frutos, aún sin hincharse, parecían balas de cañón regadas enmedio de una explosión de flores.

Nathan se descubrió la cabeza respetuosamente (aunque Tamo no lo hizo). Aquí yacía el célebre pirata cuyo apodo leyera en letra impresa, temblando por la emoción. Hoy yacía a sus pies bajo el sol del trópico. Trató de recordar todo lo que había leído sobre él. Por el nerviosismo, un balbuceo confuso se le escapó.

—En realidad, fue un caballero, ¿no es cierto? Yo leí que de no haber sido abandonado en una isla de donde lo recogieron unos marinos amotinados y todo eso, nunca se habría hecho pirata. Leí que cuando capturó un barco, había a bordo dos niños que se habían echado a llorar y él preguntó: "¿por qué lloran?" y alguien le contestó que porque les habían quitado sus cucharillas de plata que era todo lo que les quedaba en el mundo, y entonces él se las devolvió y reunió dinero y les dejó a los dos huérfanos una fortuna… O sea que tu padre debe haber sido una buena persona. Yo creo que él fue… diferente. Digo: ¡tuvo que haber sido diferente! Te mandó a estudiar a la escuela. En cambio los otros…

El hijo del pirata permanecía con la vista clavada en la tumba, con semblante inexpresivo.

—Era igual que todos —dijo Tamo fríamente—. *De piratas leyó Gull tantas patrañas*... Al diablo con las cucharillas de plata. Yo tuve vestido y alimento y me embarcaron para educarme con cucharillas de plata, ¿o no? Por donde se vea. Cucharillas para los niños, anillos de compromiso para las señoritas, dotes para las novias. No te creas lo que lees en los libros. Mi padre fue un rufián y un borracho. Cuando bebía, se ponía como un cerdo enloquecido. Mi pobre madre...

Se interrumpió al oír que alguien se ahogaba y se volvió para mirar a Nathaniel Gull. Las mangas de su camisa ondeaban cada vez que levantaba los brazos, víctima de una congoja muda, desesperada. Sus hombros temblaban, las lágrimas corrían en torrentes por su rostro y abría la boca como para emitir una suerte de aullido.

—¡El mío no era así! ¡El mío no era igual a los demás! —gritó Nathan hacia las soleadas copas de los árboles, acallando por un instante el canto rauco de los pájaros—. ¡El mío era mejor que ningún otro! ¡Y no fui capaz de esperarme para darle sepultura! ¡Y yo lo amé, y debí golpear a Thrussell por decir esas cosas, y no lo hice! Y ahora tú, y eso... —señaló con los puños de las mangas el sembradío de sandías y echó hacia atrás la cabeza para aullar como un lobo—. Y yo, ¿qué tengo que hacer aquí?

De dos zancadas, Tamo White atravesó la tumba y se dio un encontronazo tan violento contra Nathan que el muchacho pensó que era blanco de un ataque y se puso en guardia. Pero el hijo del pirata se dejó caer al suelo, cogió dos terrones de lodo seco y los pulverizó contra su cabeza.

—¡Y yo no podré bailar con mi padre! —rugió, tirando de Nathan para obligarlo a sentarse a su lado—. ¡Aquí bailamos con nuestros muertos! ¡Los ponemos de pie y bailamos con ellos! ¡Pero lo enterraron como a un cristiano! Habrá sido un cerdo, ¿pero por qué tuvieron que enterrarlo como a un cristiano? ¡Ahora no podré bailar con él! ¡No lo enterraron como se debe!

—¡Aaaay! ¡Qué desgracia! —aulló Nathan, sin entender ni jota—. ¡No sabes cuánta, cuánta tristeza me da!

Abrazados, apoyando la cabeza cada cual en el hombro del otro, lloraron a moco tendido, en duelo por sus padres, lamentándose de lo que pudo haber sido. Lloraron, y alrededor suyo furtivas criaturas ululaban y saltaban y lloraban con ellos, y zumbaban las moscas como plañideras y las tortugas se arrastraban inexorablemente, llevando a cuestas un dolor duro, pesado y verde.

Estuvieron un largo rato sentados, en silencio, salvo por algún sollozo, mientras el calor los taladraba y el resplandor del sol los obligaba a entrecerrar los párpados.

—Los muchachos de Graylake no lloran —sentenció por fin Nathan.

—¿Y no te alegra haber dejado de serlo? —le preguntó el hijo del pirata.

Luego le contó cómo había pintado aquella frase en el muro de la capilla. Mientras escuchaba el relato, aumentaba la sorpresa de Nathan, helado de espanto.

—¡Va a pensar que fui yo! —dijo alarmado—. ¡Thrussell creerá que yo la pinté!

Y enseguida, al darse cuenta de que Thrussell y todo lo que él representaba importaban ahora un cacahuate, le ganó la risa. Tamo se echó a reír también y rieron tanto tiempo como habían estado llorando, y el sol caía sobre ellos al igual que antes. Una tortuga amarilla, con un dibujo de manchas negras, andaba entre las sandías; con un estampado tan hermoso como el de la fruta, se abría paso por la vida, indiferente.

—¿Tú crees que Sheller nos llevará a algún otro lado? —preguntó por fin Nathan.

—No creo que estemos dentro de sus planes. Yo creo que pretende zarpar sin nosotros y quedarse con el dinero que tengo en mi cofre.

—¡No!

—Por esa razón inventé un pretexto para buscar algo en mi cofre.

Cuando Tamo tiró de la pechera de su camisa, dentro se oyó el tintineo de algo harto voluminoso.

—Seguro que me quiere como si fuera su propio hijo, pero no creo que me convenga confiar en él más que en un gato dentro de una jaula de pájaros. Nadie confía en un traficante.

Emprendieron el camino de vuelta al puerto. De trecho en trecho, encontraban bifurcaciones que salían del camino principal, en dirección a chozas solitarias ocultas entre los árboles. De un árbol colgaba un letrero que decía FUERA. Atravesadas en los senderos, se veían púas y piedras filosas enterradas con la punta hacia arriba, y de las ramas pendían pedazos de metal de bordes afilados que ponían en riesgo de perder las orejas a quien quisiera acercarse a las chozas por la noche.

—Me acuerdo bien de esto —dijo Tamo—. Trampas y celadas. En la aldea nadie salía de noche. Era muy peligroso. Todos deseaban encerrarse en una jungla donde nadie pudiera acercárseles. Fortalezas; eso construían. Minúsculas fortalezas.

—¿Fortalezas? ¿Para qué? ¿Para defenderse de qué? ¿De los cocodrilos? —preguntó Nathan con la voz aflautada por el susto.

—¡De los demás, naturalmente!

Nathan movió de un lado a otro la cabeza, apabullado.

—¿Cómo se te pudo antojar volver a un sitio como éste?

—¿Quién dijo eso? No aquí. No a Tamatave. Odio este lugar. No tengo nada que hacer aquí. Aquí no soy más que el mocoso mulato del capitán Thomas.

En el malecón, los rostros de los marineros estaban enrojecidos como nunca. Los precios que pedía Sheller por las mercaderías más indispensables para la vida los hacían irse de espaldas. ¡Tres libras por un barril de ron que costaba dos chelines! Trescientas libras por una barrica de oporto que en Nueva

York no podía haberle costado más de veinte. Ochenta libras por unas cuantas herramientas de carpintero y una bolsa de clavos. Cien por tres barriles de pólvora.

Las nativas, cuyos maridos se hallaban enfermos, chillaban improperios malgaches contra Sheller; le indicaban con gestos salvajes que necesitaban la medicina que él traía, que era cosa de vida o muerte. Pero los frasquitos de mercurio o de quinina que Sheller guardaba en un bolsillo junto al pecho no cambiaban de manos por menos de cincuenta piezas de oro.

Nunca dejaba de sonreír, tampoco la compasión ni la ternura abandonaban su mirada. Pero —explicaba—, había que considerar los costos, los seguros; había escasez; tenía que pagar sobornos, que aceitar engranes. Podía llenarse un zoológico con los insultos que le dedicaron los piratas. Le desearon un hospital de enfermedades. Condenaron su alma a los siete círculos del Infierno y cargaron su barco de maldiciones. Pero Sheller no dejaba de sonreírles beatíficamente desde las alturas, como un predicador desde su púlpito, y a cada injuria contestaba: "Es el mercado, el mercado, cariñitos".

No todos le pagaban con dinero; algunos lo hacían con objetos o mercancías, con el botín de los navíos que habían saqueado. A cambio de ron y pólvora ofrecían relojes de bolsillo de oro, pares de botas, brazaletes de mujer o piedras preciosas en bruto, rollos de fastuosa seda india y cubertería de plata. Sheller tallaba la seda entre el índice y el pulgar y extendía el labio inferior:

—Mala clase. Mala clase la de este género —decía, dejando escapar un suspiro—. ¡Qué pena!, amigo. Si fuera de primera, se la habría tomado a tres chelines la pieza; pero ésta no vale más que uno.

—¿Uno?

Nathan y Tamo presenciaban la escena bajo la sombra de los árboles. El hijo del pirata parecía impertérrito, como si la hubiese presenciado cien veces. A Nathan lo asaltaba una docena de emociones distintas: "¡Yo lo presencié! ¡Lo vi con mis propios ojos! ¡Puedo escribir sobre ello, como Exquemelin! ¡Ya verás cuando lo cuente...!" Pero, ¿adónde escribir? ¿A quién contárselo? Era tan prisionero de Madagascar como los piratas. ¿Qué no habrían hecho estos hombres para adueñarse de esos tarros de estaño, de aquella caja de lino? Quizás el capitán obraba bien al despojarlos de su botín, pero ¿vería Dios con buenos ojos que llenara su barco con lo robado por los piratas, por menos de lo que costaría un embarque de carbón?

El capitán Sheller conocía a varios de los hombres por su nombre, y al resto por su nacionalidad —tratándose de adivinar la procedencia de alguien, jamás se equivocaba.

—¡Eh, ustedes, Terranova! —gritó dirigiéndose a un corrillo de hombres con rostro de pellizco y escasos de talla—. ¡Vi a siete de ustedes, destripadores de pescado, colgados a secar como sardinas en el muelle de castigo! ¡Siete! ¡En una misma mañana! El olor a pescado llegaba hasta Rotherhithe. ¡Tú! ¡Portugal!, me dijeron que durante una tormenta frente al Finisterre una sola ola hundió cuatro barcos de Oporto. ¡Palabra!

Por fin, luego de que los hubo agraviado y sobajado, una vez que les sacó más dinero del que nunca pensaron en deshacerse, Sheller les repartió alegría. Se la había reservado para asegurarse de que lo recordaran, para que se sintieran en deuda con él cuando vieran su barco perderse tras el horizonte.

—Díganme, queridos míos, ¿qué es lo que ustedes, que son hombres, echan siempre de menos? ¿Qué notan a diario que hace falta en sus vidas? A mí no me ven nunca, pero díganme lo que podrían hacer si tuviesen con ustedes… a un artista. Muy bien: pues les he traído a un artista, ¡y de los mejores!

—¿Un artista? —dijo Nathan—. ¿Y para qué han de querer…?

A su lado, Tamo White se puso tenso, como un gato cuando huele a un perro.

Cuatro hombres fueron necesarios para sacar en lastre a Charles Hardcastle del sollado del *Ternura*, aun cuando estaba atado de pies y manos. Tenía raspones en el rostro, la chaqueta desgarrada y en su espalda podía verse impresa la huella de una bota. Nathan dio un paso hacia adelante, pero Tamo lo arrastró tras los árboles y le tapó la boca con la mano.

Mientras tanto, se oyó la voz clara y jovial del capitán Sheller:

—¡Es una bestia de pura sangre, no hay duda! Sirvió diez años en la Compañía de Indias. Garantizo su arte y su linaje y, miren, ¡les regalo su sextante, de pilón!

Tallando la cara contra el suelo, Hardcastle consiguió desembarazarse de la mordaza y escupió un mazacote de pólvora de algodón.

—¡Es usted un maldito, Sheller! ¡No puede vender a su prójimo! ¡No puede vender a un oficial de marina! ¡Dese cuenta de lo que está haciendo, por amor de Dios! ¿No le queda una pizca de decencia, señor? ¿No tiene vergüenza?

Un marinero del barco de provisiones propinó una patada a Hardcastle para acallarlo.

—No, no, cariñito, no maltrates la mercancía —lo regañó Sheller—. Bien: ¿cuánto ofrecen por un artista de primera? Los conducirá por los mares con tanto tino como Moisés condujo al pueblo de Israel por el desierto.

Nathan golpeaba y pateaba a Tamo White; pero, siendo mayor, éste lo excedía en fuerza. Lo obligó a tenderse en el suelo, le torció el brazo detrás de la espalda y le hundió la cara en la arena, hincándole las rodillas para tenerlo quieto.

—Óyeme, niñito. Nada puedes hacer.

Sheller seguía adelante con la subasta de su piloto.

Cuatro tripulaciones habían establecido en Tamatave su base de operaciones. Capitanes no faltaban, porque los capitanes piratas escalaban posiciones sometiendo a los demás o, por el contrario, eran elegidos por la tripulación por ser quienes más fácilmente se sometían a los demás. No ocurría lo mismo con los pilotos, sin embargo. Los pilotos eran hombres capaces, con estudios, dueños de una vida familiar, un salario decente y mucho que perder al dedicarse al crimen. Carecían de la desesperación que orillaba a un hombre sin recursos a hacerse pirata. Así que a los pilotos había que capturarlos, como a las mariposas en una red y, como las mariposas, también morían con frecuencia entre las redes.

Por esta razón, los piratas pagaron un buen precio por Charles Hardcastle; un rescate digno de un rey. ¡Cuánto pagaron por él! He ahí algo para contar a su linda esposa y a su recién nacido. Sólo que ahora, claro está, no volvería jamás a casa; jamás tendría ocasión de contar sus aventuras a su mujer y a su crío, porque de aquí en adelante sería un pirata, y los piratas no vuelven a casa.

El capitán que lo compró, de baja estatura y granujiento, que usaba turbante y zapatillas con un rizo en la punta y se hacía llamar "el rey Sansón", permaneció impávido al enterarse de que Hardcastle tenía esposa y un bebé.

—Alguna vez, no recuerdo dónde, yo también tuve una esposa —dijo, mirando desde arriba su lujosa y reticente adquisición—. Se consiguen fácilmente. Y su señora podrá encontrar otro marido antes de que yo encuentre a otro artista. Ahora usted es uno de nosotros, 'iñor, así que hágalo bien.

No se agachó a desatar al hombre, ni lo ayudó a ponerse de pie, Dejó a Hardcastle amarrado, tirado al sol.

—Se queda usted aquí, quietecito, hasta que Noé Sheller termine su negocio y se largue, y no haya modo de que escape.

—¡Y ahora...! —dijo Sheller, secándose la frente con un pañuelo de encaje—. Todavía tengo reservado lo mejor para el final, cariñitos! ¡Alguno de ustedes se va a ir a la cama feliz esta noche!

Los marineros, que creyeron que la subasta había terminado y comenzaban a alejarse, voltearon a mirar por encima del hombro. ¿Más? ¿Había algo más?

—¿Que qué les traje, se preguntan? ¿Cómo? ¡Se los voy a decir! Nanay, ¡se los voy a *mostrar!* ¡Una esposa, del color y tono exactos para que se acuerden del terruño! No tiene más de trece, lo apuesto, y es tan blanca como la nieve sobre los acantilados de Dover. ¡Tráigala, contramaestre! ¡Traiga aquí a la señorita Magda, para que la conozcan los caballeros!

La señorita Magda

Cuando la luz que entraba por la ventana del camarote del capitán disminuyó de repente, Magda se distrajo de su labor de tejido. El miedo de saber que el barco se hallaba atracado en un reducto de piratas la atenazaba desde antes; pero cuando advirtió una silueta despatarrada bloqueando la celosía de la ventana, dejó escapar un sollozo de terror y escondió la cabeza entre sus rodillas. ¡Los piratas estaban a bordo!

—¡Señorita Magda! ¡Señorita Magda! —la urgió la silueta—. Haga exactamente lo que le digo y no pierda tiempo. Salga a cubierta. Justo aquí arriba. Donde yo estoy.

Aparecieron unos dedos y se agarraron de la celosía. Magda pensó en clavarles sus agujas de tejer, pero no se atrevió.

—¡Magda, soy yo! ¡Soy Tamo White!

—¿Señor White?

—Dese prisa. ¡Allí corre peligro!

Magda dejó a un lado su tejido y, al hacerlo, notó un punto suelto y se detuvo indecisa, queriendo evitar que se deshiciera.

—¡Magda!

El apremio en la voz la hizo llevarse bruscamente las manos a los costados y el tejido cayó al suelo con un tintineo de agujas. Corrió hacia la puerta, con la idea de llamar al capitán, pero estaba cerrada con llave por fuera.

—¿Qué espera, muchacha?

—¡La puerta! ¡Está cerrada con llave! ¡Me dejó encerrada!

—A ver. A ver. Déjeme pensar... Ya sé. Métase dentro de mi baúl marino. ¿Me oye? Escóndase dentro de mi baúl. Y quédese ahí.

Esta vez, Magda no vaciló en hacer lo que le habían indicado. Pero antes de poderse meter ahí dentro, había cantidad de cosas que sacar y que era preciso amontonar en algún sitio, ocultas a la vista. Mientras se enrollaba la falda en torno a las pantorrillas y se escurría dentro del baúl, alcanzó a escuchar los gritos de Sheller encima del muelle, negociando el precio de alguna cosa —un arpista o una batista, o algo así—. La tapa no cerraba del todo. Con la punta de los dedos, tiró de un clavo que sobresalía del costillar de hierro hasta que quedó completamente a oscuras.

Había puesto la rodilla en algo protuberante y le hacía daño. Tentó el fondo del baúl y se topó con una de las pistolas de Tamo. No se atrevió a soltarla, por miedo a dispararse ella misma a quemarropa. Si hubiese estado sentada encima de una comadreja no habría pasado mayor susto.

Con una mano sostenía la pistola; con la otra, jalaba la tapa del baúl. Escuchó el ruido de la cerradura del camarote del capitán. Oyó entrar los taconazos del contramaestre, Magda tuvo la rara impresión de haber escuchado que alguien gritaba su nombre, en algún lugar fuera del barco: "Traiga aquí a la señorita Magda".

El contramaestre estaba tan cerca del baúl cuando escupió una palabrota, que Magda se sobresaltó y el clavo se le soltó de entre los dedos. La tapa se abrió de golpe. Apenas una rendija, pero hasta un ciego se habría dado cuenta. No... el hombre sacudió la hamaca del capitán y algunos de los libros que ella había puesto allí cayeron al suelo con un estruendo como de explosión.

El contramaestre salió. Se le oía gritar mientras recorría el barco: "¿Dónde, capitán? No está en su camarote. ¿Dónde dijo usted?"

Magda levantó la tapa y se incorporó. La silueta tras el entramado de la ventana había desaparecido.

—¿Señor White?

Un par de pies descalzos golpearon contra la ventana y Tamo reapareció en un envión. Magda retrocedió espantada y cayó de espaldas fuera del baúl.

—¡Deme una barreta, un palo, algo! —la urgió White.

Magda miró a su alrededor. Vio un tonel lleno de espadas, probablemente puestas ahí para armar a la tripulación en caso de pelea. Extrajo una; trató de pasársela a Tamo a través de la celosía. La cazoleta era demasiado grande.

—Con la punta… Trate de… Con la hoja… Intente…

Magda entendió: tenía que forzar el enrejado de tiras de madera hasta hacer un agujero suficientemente grande para escapar por ahí. Clavó la espada en la madera y la dobló hasta formar un arco; la hoja se quebró y la punta rota salió girando y golpeó a Tamo justo debajo del ojo. El muchacho dio un grito y desapareció.

Fue tal el terror que invadió a Magda ante lo que acababa de hacer que recogió su falda y, sin soltar la empuñadura rota, corrió hacia la puerta. El contramaestre se había olvidado de echar el cerrojo al salir.

Llegada a la puerta se volvió, paseó la mirada por la pieza una última vez y recogió sus agujas de tejer. La tapa del baúl marino seguía abierta; tomó del fondo aquella horrible pistola, se la encajó bajo la pretina y en un momento estuvo fuera, corriendo por la escalerilla hacia cubierta. Su mayor preocupación era averiguar si había matado a Tamo White con la punta de la espada.

—¿Cómo que no está? ¡Por supuesto que está! ¡Yo mismo la encerré! —escupió como un ente venenoso, sin mover los labios.

—Pero si yo busqué…

—¡Está escondida, imbécil! ¡O dormida por ahí! ¡O se escondió! ¡Imbécil! Ve a sacarla de ahí.

Sheller no quería ningún incidente en el curso sin tropiezos de la subasta. Vender cosas a hombres como éstos era sólo cuestión de crear una atmósfera donde el deseo de comprar sobrepujaba cualquier reparo en los costos.

—¿Dónde está, Sheller? —aullaban los piratas—. ¡Ya sácala! ¡Déjanos ver a los dioses!

Cuando Magda brincó sobre la barandilla de popa, la falda se le enganchó en la unión de dos maderos. No hubo jalones ni sacudidas ni devotas plegarias de la Iglesia anglicana que pudieran soltarla. De modo que se la desabrochó y la dejó allí, colgando como la crisálida vacía de una mariposa. La pistola se escurrió por una pierna de sus pantaloncillos mientras se descolgaba por la ventana de celosía del capitán, y luego por la corredera hasta meterse al agua, donde su hermano y su amigo se tenían de pie sobre las ruinas semisumergidas del decrépito muelle.

Magda odiaba las alturas. No sabía nadar. En sus trece años de vida jamás se había descolgado por una cuerda. Todo lo hizo sin inmutarse. Bastó para ello una palabra. Resonaba dentro de su cabeza. Llenaba su boca. Le impidió escuchar el tundir de los zapatos de los hombres que corrían por la cubierta, justo sobre su cabeza. La palabra confundía todo lo que le decían los muchachos mientras descendía. Y no es que la consolara. No era una palabra mágica. Y sin embargo no dejaba de recitarla una y otra vez, sin parar, como un conjuro: *tiburones, tiburones, tiburones, tiburones, tiburones.* Y como a su hermano le llegaba el agua al pecho; y como aquellas aguas verde transparente se veían llenas de siluetas oscuras e inidentificables, sus movimientos eran ágiles y rápidos. Y mientras duró aquello no dejó de canturrear: *tiburones, tiburones, tiburones, tiburones, tiburones.*

Sus enaguas se extendieron como un nenúfar en la superficie del mar, y el agua (que ella imaginó fría) ciñó con tibieza sus piernas, su cuerpo y sus brazos. *Tiburones, tiburones, tiburones, tiburones, tiburones.* Su pulcro chongo se deshizo y su cabello se esparció en torno suyo, volviéndose oscuro en el agua. Tamo White la tomó por los hombros, la remolcó hacia los restos del muelle y colocó sus manos contra las vigas de madera.

—Nade hacia la orilla, pero váyase por debajo del muelle; que no la vayan a ver —le dijo.

Tamo tenía una cortada en forma de punta de flecha debajo de un ojo y de ella manaba sangre. *Tiburones, tiburones, tiburones, tiburones, tiburones.* Magda hizo exactamente lo que le dijeron. Su infancia entera la había entrenado para esta obediencia perfecta.

Alcanzaron la orilla amparados por la sombra del muelle, oscura como la pez y, escarbando la arena bajo la borda, pudieron deslizarse bajo el casco de un bote ballenero que yacía volcado en la playa cerca de allí. El bote tendría diez metros de eslora y apestaba a pescado; estaba caliente como un horno y el interior hervía de cangrejitos. Se escurrían, rasguñaban, corrían, chocaban unos con otros, sus miles de cuerpecillos sonaban como cascabeles por encima y alrededor de los niños escondidos, empapados, babosos. *Tiburones, tiburones, tiburones, tiburones, tiburones.*

La subasta terminó con cajas destempladas. Los piratas partieron a sus casas, molestos, desilusionados, tratando de sacar en claro de qué jugarreta había querido Sheller hacerlos víctima. Mira que anunciar la venta de una chica cuando no había ninguna.

El ocaso llega rápido en el trópico. El sol se posa en el mar, como una grotesca calabaza anaranjada, y de repente se hunde, con un relámpago verde, dejando la tierra sumida en la oscuridad, el mar a merced de la luz de las estrellas. Sheller sabía que era inseguro permanecer amarrado en el puerto. Sus clientes inconformes podrían intentar recuperar su botín al amparo de la oscuridad o tomar represalias por sus altos precios. Así que tragándose su violenta frustración, se vio obligado a soltar amarras y mover el *Ternura* hacia aguas abiertas, apostando vigías de proa a popa.

Desde su escondite bajo el bote volcado, los niños no pudieron escuchar lo que dijo Sheller cuando encontró la falda de

Magda colgando de la barandilla del barco. No lo oyeron expresar sus sentimientos cuando Tamo no regresó a bordo, o si acaso echaba de menos al chico como a un hijo. No se enteraron de lo que dijo cuando fue a hurgar en el baúl de White buscando el dinero del muchacho, y no halló sino breviarios, libros comunes y corrientes, una pistola y un chaleco de piel.

Arriba en la aldea, los hombres comenzaban a beberse sus nuevas provisiones de ron; cantaban, reñían, paseaban su humanidad como los últimos dinosaurios en un esfuerzo por no ver su inminente extinción. Un hombre grita. Una mujer ríe. Un bebé lloriquea débilmente, ignorado. Mientras, la selva levanta un muro enorme de ruidos nocturnos, tan alto como la bóveda celeste.

Entre tanto, Tamo, Nathan y Magda no cruzaron palabra, ni hicieron ruido alguno, con las piernas recogidas abrazadas contra el pecho, presionando las rodillas contra las cuencas de los ojos, mientras los cangrejos se les arremolinaban.

Hacia la medianoche, un ruido subió por la playa hasta donde se encontraban. Un golpe seco, un crujir de arena y un pujido. Golpe, crujido y pujido. Cuando aquello rozó contra el casco en un raspar hueco, Magda no pudo reprimir un alarido salvaje. Como un conejo que escapa cavando bajo una cerca, se escurrió al exterior, sin importarle que en el viaje la boca se le llenara de arena. La espada rota seguía en su mano y cerraba los ojos con determinación.

—¡Fuera! ¡Largo de aquí! ¡Váyase! ¡Se lo advierto!

Tenía la empuñadura de la espada atenazada con ambas manos y amenazaba al intruso, no importa quién fuese, con la hoja quebrada.

Al abrir los ojos pudo ver, a la luz de la luna, una cabeza calva y marchita, unas encías desdentadas y un cuello largo y arrugado. La cabeza, nariguda, se movía como un péndulo de izquierda a derecha, mientras las enormes patas se arrastraban sobre la arena. Era una piedra con patas. Era un monstruo marino milenario, enfundado en una armadura. Era una tortuga y en el mundo de donde Magda venía no existía nada semejante.

Magda se desmayó sin más trámite. Cuando volvió en sí, los chicos habían rodeado el ballenero, la habían subido a bordo, habían arrastrado el bote hasta el agua y ahora remaban o cuando menos se dejaban llevar por la corriente hacia el Sur, hacia la constelación de la Ballena.

—Era sólo una tortuga —le explicó su hermano condescendientemente. Lo cierto es que él se acababa de enterar porque Tamo se lo dijo.

—¿Por qué tuvimos que dejar el barco? —preguntó por fin Magda, que hasta ahora tenía la posibilidad de hacerlo.

—Porque Sheller pretendía...

—No creo que la señorita Magda deba saber eso —interrumpió Tamo.

—¿Y por qué no? —replicó Nathan, y prosiguió—: Resulta que el capitán Sheller pretendía venderte como esposa a algún pirata. Les vendió al señor Hardcastle como piloto. ¡Pobre Hardcastle! Jamás podrá...

Magda profirió un curioso chillido subhumano y se enroscó en una pelotita compacta, con los zapatos chapoteando uno contra el otro y el pelo arrastrándole por el rostro. Se la pasó meciéndose y sollozando y llorando y gritando durante todo el camino de Tamatave a Zaotralana.

—Te dije que no debía saberlo —remachó con temple el hijo del pirata.

Zaotralana era una aldea de pescadores. No estaba tan alejada de Tamatave como Tamo hubiera querido —apenas cincuenta millas de costa las separaban—, pero parecía no haber sido tocada por la piratería. No había fortificaciones ni cañones ni trampas ni cepos ni rostros blancos. Una caleta que ascendía empinada en terrazas acunaba tres grandes canoas veleras provistas de sendas batangas. Cerca de ellas, veíanse niños recogiendo almejas o despegando ostras de las piedras o enjuagándolas entre las olas. De un tendedero colgaban pescaditos puestos a secar, como si fuesen las cuentas de un ábaco. El verde denso y oscuro de la selva húmeda se desparramaba por doquier; bejucos como encaje enlazaban un árbol con otro; flores de mil colores salpicaban el suelo. Los macizos dorados de bambús aparecían como mechones rubios en la cabellera verde de la vegetación, y aquí y allá terrazas de agua centelleante y casas de paredes de corteza blanca reflejaban astillas resplandecientes conforme se acercaban a la playa.

Subieron por la empinada vereda hacia la aldea. De los árboles colgaban frutos del pan, higos y plátanos, y podían verse sandías desperdigadas como balas de cañón tras una batalla. Sólo que la guerra nunca había puesto el pie en Zaotralana. Poblaban Zaotralana mujeres exquisitas, llenas de gracia; parecían sacadas de un pasaje de la Biblia, de una altura sobrenatural por las esbeltas vasijas de cerámica en equilibrio sobre sus cabezas. Zaotralana, con sus bruñidos arrozales y bosques de palisandro, no había conocido sino la paz desde el comienzo del mundo. Cuando menos ésta fue la impresión que les hizo a Nathan y a Magda.

Tamo los desengañó. La blancura de sus rostros llamaba la atención, pero no causaba sorpresa. De modo que los rostros pálidos eran conocidos. Aunque una de las canoas se hizo a la mar aquella mañana, faltaban algunos de los remeros. Muchas mujeres llevaban su hermoso cabello suelto hasta la cintura, y cuando Magda expresó su admiración, Tamo le dijo: "Únicamente lo llevan así cuando han… perdido a alguien".

Los traficantes de esclavos habían venido de caza. Una tribu vecina sacaba provecho de una rivalidad ancestral: vendía a sus prisioneros a un barco de negreros que acertó a pasar cerca de allí. Tal vez parte de los bastimentos de Sheller habrían sido pagados con esclavos de Zaotralana, que ahora iban rumbo a las plantaciones del Caribe. Igual que si hubieran muerto, pues sus amigos no volverían a verlos nunca, y las mujeres que los habían perdido se soltaban el cabello en señal de duelo.

Una cosa sí era segura. Habría casas desocupadas, no quemadas —lo que habría ocurrido si sus dueños hubiesen muerto en el interior—, sino abandonadas y vacías, salvo por los animales que se hubiesen metido a buscar comida o amadrigarse. Claro que distaban mucho de cualquier idea que Nathan tenía de una casa; eran simples chozas, en realidad. Unos cuantos postes encajados en el piso y, entre ellos, tiras de corteza blanquecina empalmadas y sujetas con bejucos hacían de paredes. Los techos eran una madeja de ramas y hojas, y las casas estaban apuntaladas todo alrededor para evitar que se vinieran abajo.

La que Tamo encontró vacía estaba orientada hacia el sureste, de manera que desde la puerta alcanzaba a verse el mar por entre los árboles y los bambús.

—Espérenme aquí —dijo a los hermanos Gull—. Voy a pedir consejo.

Se encajó la espada rota y la pistola en el cinturón, pero pensó que sería mejor no ir armado y los arrojó al suelo.

Se apersonó con el jefe de la aldea, con las mujeres mayores y con los adolescentes, de talante meditabundo y fuerte musculatura: con todo aquel a quien pudiera incomodarle la llegada de forasteros a la aldea. Les pidió ayuda y consejo. Alabó la belleza de Zaotralana y lo magnífico de su ganado. Admiró sus jardines, la hechura de sus embarcaciones y el arroz que le sirvieron en hojas de ravenala. Jamás mentó el nombre de su padre. Nunca habló de Tamatave o del barco que lo trajo, ni dijo de dónde venía. Se limitó a preguntar si podía pasar el resto de sus días bajo sus baobabs, en aquel pintoresco portal frente al mar.

Sonrieron y le dieron de comer. Sonrieron y le dieron cerveza. Sonrieron y le presentaron a sus hijas, a sus nietas, y hasta lo llevaron al cementerio para presentarle a sus ancestros. Sonreían cuando hablaba y sonreían cuando guardaba silencio. Y cuando se dispuso a marcharse, lo aconsejaron. Le explicaron cómo plantar y controlar las plagas, dónde pescar y cómo leer el tiempo, y le enseñaron las artes mágicas locales.

Mientras tanto, Nathan y Magda lo aguardaban frente a la choza. Se acercó una mujer con un bebé colgado de la espalda dentro de su sarong de rafia; luego un hombre que jalaba una chiva. Se les quedaron mirando y sonreían, sonreían y se les

Un grupo de jóvenes, a quienes había llegado la noticia de la ropa interior que usaba Magda, vinieron a ver de qué se trataba.

—Es mía. Es mía —les dijo Tamo como si tal cosa. Se encogieron de hombros y se marcharon.

Cuando Magda se animó a levantar la vista, cayó en la cuenta de que Tamo le inspiraba casi tanto temor como los chicos de la aldea.

—Me alegro de que haya muerto —dijo Tamo, echando un vistazo hacia los árboles. Se puso a arrojar granitos de arroz crudo a los pollos.

—¿Quién?

—El hombre que vivía aquí. Más vale muerto que esclavo. Yo preferiría morir.

—¿Se murió, entonces? ¿Cómo lo sabes?

—Pasó junto a mí. Ustedes lo echaron de la casa, ¿no?

Magda se echó a reír.

—Muy gracioso, señor White. Me parece que necesita usted ante…

—¡No! No quiero volver a oír llamarme White, ¿me oye? White se acabó. De ahora en adelante, soy Tamo. Tamo, nada más.

—Lo que iba a decir, señor Tamo —dijo Magda (a quien ser informal, aun estando en ropa interior, le costaba mucho trabajo)—, es que lo que usted vio salir corriendo de la casa era un mono.

—No es verdad —dijo Tamo, mientras trataba de jugar a las matatenas con un puñado de arroz—. Era un indri. Las almas de los muertos perviven en ellos. ¿En qué mundo viven ustedes?

Nathan cruzó una mirada con su hermana, luego dejó que la vista se le perdiera más allá de los macizos de bambú y los techos de varas, hacia la lejanía verdosa y las interminables millas de selva suntuosa. ¿Dónde estarían la torre de la iglesia y la capilla de piedra? ¿Dónde la cruz del mercado y el atrio de la catedral? ¿Dónde iba a comulgar en aquella tierra sin sacerdotes ni pan? ¿Dónde habría quedado el domingo allí donde los días tenían nombres distintos? ¿Dónde se habría metido Dios para que nadie allí le hiciera el menor caso?

—Mañana voy a buscar a un adivino —decía Tamo muy satisfecho, mientras los pollos trataban de arrebatarle el arroz—. Vamos a ver a un adivino. Luego veremos. Luego veremos…

El sol se posaba en el hombro de Tamo, tibio y blanco como un indri. Quizás aquel lugar sí era el Paraíso. Por desgracia, era propiedad de un dios ajeno.

Fortuna

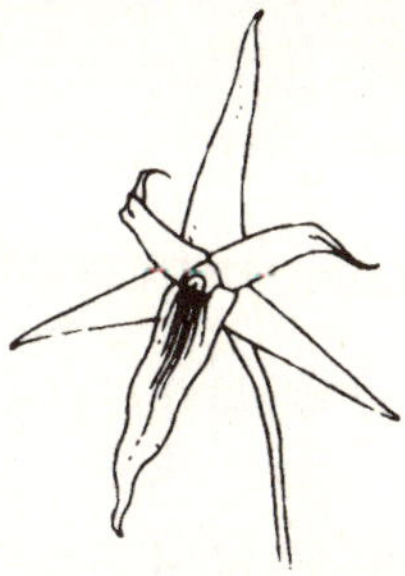

La mañana dio comienzo con el ulular de cien indris, cuya voz quejumbrosa y espectral podía escucharse a kilómetros de distancia. La cascada de notas resultaba tan peculiarmente fascinante que los chicos despertaron con la sensación de que alguien había estado llamándolos. Los cantos metálicos de los pájaros cúa se sumaron al coro.

Una niebla rosada que cubría la selva poco a poco fue disolviéndose, como un dulce de azúcar, al tiempo que el disco dorado del sol surgía, recién bañado, del lecho marino. Para cuando Magda salió de la cabaña, el jardín se había llenado de mariposas que libaban en las orquídeas y las flores de calabaza. Batían sus enormes alas de papel contra su rostro.

Con seguridad, alguna mujer se hallaba ya moliendo arroz, dejando caer en el hueco del mortero la mano gigantesca para pulverizar el grano: una percusión de tambores como acompañamiento del ulular de los indris. Se oyó el quiquiriqueo de un gallo, el rebuzno de un asno, el golpe de un hacha en un tronco a lo lejos. El mundo entero se renovaba, dulce y maduro. Decía: "Toma. Come. Ésta es mi abundancia, que te ha sido dada".

El agua del río era roja; tinta como la sangre, a causa de la tierra colorada. Recordaba a la plaga de Moisés que convirtió en sangre al Nilo. Pero sabía a néctar, y en el cuenco de sus manos era transparente. "Toma. Bebe", parecía decirle.

Mientras los chicos dormían bajo sus mosquiteros de rafia, Magda extrajo unos camotes plantados por la mujer que hizo aquel jardín. Escardó las yerbas, espantando ora un lagarto verde brillante con puntos rojos, ora una víbora ciega. Como Irlanda antes de san Patricio o el jardín del Edén antes de Satanás, en aquel Paraíso no había víboras peligrosas: las había gigantes, ciegas, que cavaban a la caza de ranas, pero ninguna peligrosa para la gente. De repente desenterraba con el azadón ranitas de filigrana, como pepitas de oro tiradas por descuido de algún pirata borracho. Un *fody* escarlata se posaba en la cerca e inclinaba la cabeza observándola con interés; un tordo de las rocas victimaba a un caracol. Arriba, en un cielo casi morado de tan azul, un cernícalo macho buscaba lagartos para llevarlos a su pareja en el nido.

En casa había un gato; un gato de parroquia; un cazarratones de temperamento desagradable. Magda lo había rastreado armada de paciencia, esperanzada en que le permitiera acariciarlo, tenerlo en su regazo. Aquí le bastaba dejar caer una cáscara de plátano o unas pepitas de calabaza para que se le acercaran los animales en tropel. Eran extraños, la asustaban; pero también, por bellos y raros, ejercían sobre ella un efecto hipnótico: puerco espines, tortugas, lémures y lagartos. Los animales superaban en número a la gente tanto como ella misma era superada en número por los malgaches.

Para comer había gallinas de Guinea, cuando Tamo se las arreglaba para atrapar alguna o la compraba; había mandioca y ostras y frutos del pan. ¿Pero dónde estaban los comerciantes para pagarles? Magda estaba desconcertada. Su padre (no obstante haber conseguido dos trimestres gratuitos para su hijo) gustaba de repetirle: "Nada es gratuito en esta vida, hija mía, todo se paga trabajando duro".

De modo que Magda se dedicaba a trabajar —escardaba, fregaba, cocinaba— como si la abundancia de aquel lugar tuviese que pagarse. Y justo cuando le parecía estar a punto de saldar su deuda, un nuevo golpe de fortuna la volvía a colocar entre los deudores. Ahora se daba cuenta de cómo debió haberse sentido su padre, trabajando para responder por aquel préstamo. Eran tantos los aldeanos que se habían llevado los negreros, que faltaban manos para cultivar los arrozales. Como Tamo llegó en aquel auspicioso viernes rojo, había sido invitado, junto con su "familia", a compartir la faena y el producto de la cosecha, y a comer la fruta de los platanares. ¿O lo habrían invitado más bien porque aquella gente era generosa por naturaleza? ¿O porque

Tamo deslizó una moneda de oro en el bolsillo de uno de los ancianos? ¿Cómo iba Magda a saberlo? Todo lo que ocurría en aquella aldea era para ella un misterio.

Era desquiciante no entender; nunca entender. El lenguaje le sonaba como los gorgoritos del agua que sale de una botella. Las palabras se sucedían una tras otra, amontonándose las sílabas, y no había libros donde ella pudiese estudiar. Aprendió un par de ellas: *vary* —arroz— y *vola* —dinero—; pero nada más para decir "arroz" había una docena de palabras diferentes, dependiendo de cómo y en qué cantidad hubiese sido guisado.

Y la lengua no era lo peor. Es cierto que no podía platicar más que con Nathan y con Tamo, pero anteriormente sólo lo hacía con su padre y con los comerciantes quejosos. No. Peor era no entender lo demás: las reglas tácitas, las tradiciones, el funcionamiento de la vida. Tamo había ingerido sin darse cuenta todas aquellas reglas, pues se crio en una aldea malgache. No podía explicarles por qué siempre rodeaba la casa en el sentido de las manecillas del reloj para llegar a la puerta (aunque tuviese que darle prácticamente toda la vuelta). Únicamente sabía que así debía ser —para no romper *vintana*, decía, aunque no pudiera explicarles lo que era *vintana*—. La vida entera tenía sus reglas, sus momentos propicios, sus lugares de mal agüero. A los días de la semana correspondían colores; a las horas del día, distintas propiedades mágicas. Había un rincón de la casa indicado para poner flores y una dirección correcta para orientar las camas.

Durante algún tiempo, Tamo no volvió a mencionar el asunto de consultar a un adivino y Magda sintió que le quitaba un peso de encima. Estaba convencida de que ella y Nathan habrían tenido que disuadirlo. ¿Brujería? ¿Necromancia? Sería perverso; ¡una herejía! En Inglaterra, la Iglesia había quemado a todas las brujas y devuelto sus almas al infierno en un santiamén. Y ahora salía Tamo White con la ocurrencia de ir a ver a un adivino. Magda se ponía a temblar de sólo pensarlo.

Su labor con la azada la fue llevando hacia la parte posterior de la casa, la que miraba al Este. Para su sorpresa, descubrió una segunda puerta, clausurada con tiras de corteza podridas que se desprendían con facilidad. La puerta tras ellas estaba meramente colocada en su sitio. Magda le dio un empujón y ésta cayó adentro con un golpe seco. Una luz mucho más brillante, proveniente del Este, inundó la cabaña; un grueso haz de rayos solares la dividió en dos mitades.

—*¡Tay be!* —Tamo saltó de su cama como un conejo, con los ojos desorbitados y la boca torcida en un rictus. Salió de la cabaña antes de que Magda tuviera tiempo siquiera de cruzar el umbral—. *¡Tay be!* ¿Qué pasó? ¿Alguien ha muerto?

—Solamente abrí la puerta —repuso una vocecilla desde el interior.

—¡Pero si es la puerta que da al *Este!* La de los espíritus. ¡Eso es… *masina!*

Magda empezó a gimotear.

—Perdón. Perdón, por favor. No lo sabía.

Se cubría los ojos con las manos, no sólo para ocultar las lágrimas, que ya acudían a sus ojos, sino porque Tamo estaba parado en el jardín, completamente desnudo.

—¡Esa puerta no se abre nunca! ¡Sólo cuando alguien muere!

—Ahora mismo la cierro. Nat la cerrará, ¿verdad, Nat? Pero, por favor, métase, señor White. No vayan a verlo así.

Magda mantenía las manos apretadas contra sus ojos. Si alguien iba a ver a Tamo en su desnudez, ese alguien no sería ella.

Nathan no alcanzaba a distinguir todavía nada.

—¿Quién metió esa cosa aquí? ¿Es otro de tus animales, Magda?

Contemplaba a una criatura expuesta por la súbita irrupción de la luz, congelada por la sorpresa. Solamente sus ojos, engastados en sendas cuencas con forma de volcán, miraban a uno y otro lado con parpadeos asustados. Era un lagarto jorobado, del tamaño de un gato no muy grande, y mientras lo miraban, su cuerpo, de un café oscuro, comenzó a tomar un color amarillo encendido, como si fuera un reloj de arena llenándose. Mudaba de color para mimetizarse con el piso arenoso.

Magda se puso a gatas para observar al camaleón, mientras Nathan (que no era tan afecto a los animales raros como su hermana) se escabullía de puntitas por la puerta de los espíritus, envuelto en su mosquitero. Dijo, a guisa de despedida:

—Esta vez sí ten cuidado, Magda. Puede ser peligroso. Nunca se sabe.

A todas luces, Tamo lo juzgaba peligroso. Nathan lo encontró más allá del jardín, agarrado de la cerca mientras su cuerpo era presa de un temblor de pánico. La escena, a su vez, asustó a Nathan.

—Magda, me parece que es mejor que salgas de ahí —recomendó a su hermana—. ¿Qué tienes, Tamo? ¿Qué te pasa?

Le costaba trabajo creer que éste era el mismo hijo del pirata que se había plantado con la espada desenvainada, *en garde,* en lo alto de la escalera del colegio Graylake.

Magda no tenía la menor intención de salir hasta que Tamo se hubiese puesto los pantalones, pero resolvió emplear el tiempo en desalojar al animal. Le echó encima su mosquitero, con el plan de luego echar el envoltorio por la puerta de los espíritus.

El camaleón, sin embargo, pensaba diferente y se escabulló dentro de los pliegues de tela naranja hasta un rincón de la casa: el rincón donde a Tamo le gustaba que Magda pusiera las flores. Vestido de rafia, el camaleón comenzó a encenderse de naranja. Magda supo apreciar el ansia del animal por no ser visto y a su vez ansiaba que Tamo tuviese la misma sensibilidad y se pusiera los pantalones.

Una vez que estuvo cerca de su amigo, Nathan pudo oír los dientes de Tamo castañetear de miedo.

—¡Por amor de Dios, Magda! Sal de ahí de una vez, ¿quieres?

Nathan zarandeó al otro chico.

—¿La va a morder? ¿Pica? ¿Es venenoso? ¿Qué es?

Tamo se dio vuelta y lo miró con ojos desorbitados, de nativo. Su respiración no lo obedecía. Le costó no poco esfuerzo articular las palabras:

—Es mi padre —dijo.

No obstante su pánico, no había forma de alejarlo de la puerta de la cabaña; tenía que confrontar al objeto de su pavor.

—De seguro entró por la puerta de los espíritus —añadió.

—No. Para mí que… —intentó decir Magda, pero Tamo no podía escucharla. Sus ojos, una vez que osó posarlos en el camaleón, ya no podían apartarse de él.

—¿Viste cómo se refugió en el rincón de los antepasados? Es mi padre. Seguro. Lo enterraron solo. Lo enterraron mal. Su espíritu no encuentra descanso.

—Tu padre era cristiano —dijo Magda cortante—. Fue enterrado como se debe, tratándose de un cristiano.

—¡Además, eso está a kilómetros de aquí! —añadió Nathan, señalando en dirección a Tamatave.

Pero Tamo era esclavo de aquellos ojos zigzagueantes, de aquella mirada prehistórica.

—Tengo que ir con el *ombiasy*. Tengo que ir.

Se lanzó hasta su cama, sacándole la vuelta al camaleón lo más posible; pescó el zurrón con el dinero de debajo de su almohada y salió a la carrera, saltando sobre la cerca y corriendo como si todas las brujas del Halloween fueran pisándole los talones.

—Ojalá no queme la casa —comentó Nathan al ver a su compañero de Graylake perderse en cueros entre los baobabs.

Cuando se volvió, Magda sacaba al camaleón por la otra puerta, envuelto en la tela naranja, como un bebé enrollado entre pañales.

Dijo el *ombiasy* que era un poco tarde para augurios. Al alba era lo mejor, y el sol ya había andado un buen trecho por el cielo. Tamo había pagado un puñado de soberanos por un toro cebú, con una joroba colosal y cuernos prodigiosos. Seis jóvenes condujeron a la bestia a través de la aldea, asegurada con seis cuerdas de cáñamo por la garganta protuberante. Durante su crecimiento, sus cuernos habían sido conformados como naranjos o viñas. Se torcían y curvaban en espiral y arrojaban sobre Tamo y el *ombiasy* sombras fantásticas. Magda soltó un grito ahogado, entró a buscar los pantalones de Tamo y salió con ellos, arrojándoselos encima, para gran regocijo de la multitud que comenzaba a reunirse.

El *ombiasy* era un hombre moreno y trompudo con ojos como llamas y la nariz aplastada y tan ancha como su bocaza. En la frente llevaba pintado un círculo blanco, entre dos mechones de pelo muy inquietos que le caían sobre la frente cada vez que miraba hacia abajo. Su pecho era un enredijo de objetos que pendían de cordeles, hilos y listones: nueces, vainas y hojas, balas, retazos de piel de animal y de corteza de árbol, bolsitas retacadas de hierbas, pedazos de carbón y de resina quebradiza. Porque el *ombiasy* era médico, además de adivino, y llevaba su dispensario colgado alrededor del cuello.

La enorme giba del cebú se estremeció para sacudirse de encima moscas y mosquitos. El animal rumió el bolo y su estómago hizo gorgoteos.

—Tamo, no sigas —decía Nathan—. Esto está muy mal. Te irás al infierno si no te detienes. Es uno de los pecados más graves, ¿no lo sabías? El más grave. Me lo dijo mi padre. Es adorar al diablo.

Pero, evidentemente, sus palabras caían al suelo, inútiles.

—Preste usted atención, hermano —se oyó decir, imitando a su padre en el púlpito—. ¡Así no se conduce un buen cristiano! ¿No le sirvió para nada Graylake?

En Graylake, Tamo había aprendido latín y griego, álgebra y aritmética. Aprendió la historia de Inglaterra y cómo beber café y apostar a los caballos cuando había carreras. Había sido la admiración de los chicos y el orgullo de los maestros. Era listo y aprendía rápido. Pero Tamo ya no estaba en Inglaterra. Se alejaba arrastrado por una creciente de supersticiones extravagantes, dejando a sus amigos encallados en su islita de cristiandad. Magda tomó a su hermano de la mano.

Pobre Magdita, pensó él. Yo la traje hasta aquí y jamás conseguirá sobreponerse. Acabará con los nervios deshechos.

El *ombiasy* se sentó en el suelo y Tamo tomó asiento frente a él.

El *ombiasy* dio un sorbo a un cuenco con algo blanco y de su boca salió un silbido agudo que acalló a los pájaros de la mañana. Planteó una pregunta a Tamo y éste se encogió de hombros. El *ombiasy* lo fulminó con la mirada y volvió a preguntar. Unos lagrimones asomaron a los ojos de Tamo y pronunció, con labios trémulos:

—*Tsy misy. Tsy misy.*

Magda soltó la mano de Nathan y se acuclilló junto a Tamo.

—¿Qué pasa? —le preguntó, como si se tratara de un niñito.

—¡Quiere saber cuándo nací! Qué día. A qué hora. No lo sé. No me acuerdo. ¡No puedo averiguarlo!

—Qué bueno. Qué bueno —se apresuró a repetir Nathan—. Aquí se acabó todo, entonces. ¿Podemos terminar de una vez con esta farsa?

Estaba horrorizado. Un mundo que parecía sacado del Antiguo Testamento se materializaba ante sus ojos, pletórico de adoradores de Baal y de demonios. Hubiera querido patear al *ombiasy*, pero imaginó que los aldeanos enfurecidos podrían degollarlo con aquel cuchillo de larga y ancha hoja que yacía en el suelo.

Mientras tanto, el *ombiasy* había decidido prescindir de los detalles del nacimiento de Tamo y vaciaba en las manos del chico una bolsa con semillas lustrosas. Las recuperó, una por una, del cuenco que Tamo formaba con sus manos y las acomodó en el suelo, formando hileras, como si fuese a jugar a las damas; silbaba, murmuraba y se mecía sobre los talones en un vaivén ininterrumpido. Los mechones de cabello trapeaban el sudor de su frente y lo dejaban caer sobre las semillas, cuya disposición, en forma de mosaico, se había convertido para Tamo en un sendero hacia la Revelación.

—¡*Toakagasy*! —berreó el *ombiasy* de pronto, en un rugido ríspido y agresivo. Tamo se incorporó tropezándose y plantó una moneda en la palma de una mujer, rogándole que trajera un trago al brujo. Al cabo de un rato, arribó el ron.

—*Toakagasy*. ¡*Maka*! ¡Tómelo! —le ofreció Tamo.

El *ombiasy* se empinó el ron, con la cabeza echada hacia atrás y la nuez de Adán oscilando de arriba abajo.

—Menudo borrachín. Vaya patán —murmuró Nathan y le dio la espalda en señal de desaprobación.

Entonces el *ombiasy* empezó a hablar. No en un discurso alborotado o histérico, pero en un timbre mucho más alto que el de su voz natural, como el lamento de las mujeres sobre el ataúd del marido. Luego hubo otro borboteo de palabras. Tamo, con el rostro rígido como una máscara de madera, se mordió el labio y se asomó a los ojos desenfocados del médico.

—¿En serio? —dijo, meneando la cabeza.

Los dedos chatos del *ombiasy* prosiguieron su labor de reacomodar las fichas en grupos de tres y de cinco.

—No te entiende, Tamo —dijo Magda, que permanecía en cuclillas a su lado.

Tamo forcejeó con su lengua nativa.

—*¿Marina ve? ¿Marina ve?* —preguntó.

Y tornó a menear la cabeza sin parar, hasta que debió marearse. El *ombiasy* asintió.

Nathan, mientras tanto, sintió todo el peso de la cristiandad recaer sobre sus espaldas, como si llevase a su padre a cuestas. A él tocaba poner un hasta aquí a este impío sacrilegio. Sólo él podía salvar a Tamo de condenarse a fuerza de magia. Tomó aire, cerró los ojos y asentó un temerario pie encima de las resbaladizas semillas. El *ombiasy* quitó los dedos apenas a tiempo. Los pormenores de la suerte de Tamo se desperdigaron a izquierda y derecha.

La multitud se pasmó. El *ombiasy* miró a Nathan con furia, canturreó y siguió columpiándose, oprimiendo sus labios con los dedos.

Pero Tamo, lejos de emprenderla a gritos contra su amigo, lo miró desde el suelo y le dijo:

—Gracias. Pero es demasiado tarde. Así no podrás cambiar el futuro —Magda, temerosa siempre de las situaciones desagradables, se puso a recoger las semillas regadas con dedos ágiles y diestros—. Dice que seguiré los pasos de mi padre —añadió Tamo, desolado y sin fuerza—. Dice que haré lo que hizo mi padre; que seré lo que él fue. Que no sabe...

Ni la higuera maldita por Cristo pudo tener un aspecto tan marchito como Tamo tras escuchar las palabras del adivino.

Haciendo gala de buena educación, Magda intentó depositar las semillas de vuelta en las manos del *ombiasy*, pero en el último instante el hombre separó las palmas y los discos negros cayeron al suelo. Las puntas pálidas de sus dedos se posaron encima de ellos.

—*¿Iza? ¿Vadiko?* —preguntó a Tamo.

El muchacho estaba pasmado, meditabundo. Señaló con un vago ademán a Magda y a Nathan.

—*Anadahy… anabavy. Izy no* Magda.

—*Volondavenona.*

—Dice que ustedes son del color de la ceniza.

Y sin mediar advertencia, el *ombiasy* se había puesto a leer la suerte de Magda en las escurridizas semillas.

—*Tsara… mahery… feno… faly… tena faly… afaka.*

Las palabras brotaban de él como un canto: místico, musical, mientras las semillas se alineaban en hileras y columnas.

—¿Qué dice? —preguntó Magda.

—¡Magda! —trató de intervenir Nathan, pero los aldeanos se las habían arreglado para colarse delante de él, relegándolo hasta la última fila. Saltó pero no consiguió enterarse de lo que ocurría—. ¡Magda, ven aquí ahora mismo!

—Dice que serás fuerte… plena… lista… Espera, no sé. "Puede hacer…": capaz. Sí: capaz. Y feliz, dice. Muy feliz.

Aunque era Tamo quien traducía las palabras del adivino, mostró muy poco interés en el contenido del horóscopo de Magda. Estaba agobiado por la sombra de su destino, más oscura que la sombra del cebú cautivo de las sogas.

—¿*Anadahyny*? —preguntó el *ombiasy*, empujando sus rizos hacia la multitud.

Como por arte de magia, los aldeanos se apartaron a izquierda y derecha, dejando abierto un claro entre Nathan y las semillas. Sintió manos que lo empujaban; lo animaban caras sonrientes. ¡El *ombiasy* le ofrecía leerle la suerte a él también! ¡Tenía que darse prisa! ¡Recoger las semillas! ¡El doctor no tenía su tiempo!

Nathan retrocedió dos pasos, dejó caer los hombros hacia adelante y buscó con las yemas de los dedos el borde de los puños de la camisa que ya no acariciaban sus nudillos. Negó con la cabeza y todos rieron, creyendo que era tímido, que le daba miedo.

—No —dijo Nathan—. Es maligno. Está mal. ¿No se dan cuenta? ¡Es brujería! ¡Es pecaminoso! Es un pecado. ¿Qué ninguno de ustedes quiere ir al Cielo?

Lo escucharon con atención, toda aquella gente sonriente condenada al infierno con sus anchas sonrisas blancas y sus ojos amables. Luego, creyendo que su timidez le impedía aceptar el honor que se le había concedido, cerraron filas delante de él y lo dejaron al final de la multitud, relegado al olvido.

De nuevo, el *ombiasy* comenzó a silbar y cuando habló se oyó su voz normal, profunda y apacible. Sus ojos se detuvieron en el cuenco de ron y preguntó si había tomado de él mientras estuvo con los espíritus. Cuando le dijeron que así había sido, metió la mano en una bolsa y pagó escrupulosamente su bebida. Enseguida se puso de pie, quejándose de un dolor en las caderas. Se quitó un amuleto del cuello y se lo entregó a Tamo.

Era un pájaro cúa, que se alimenta de camaleones.

A Magda le tendió algo semejante a un cebú y al ver que ella no se adelantaba a tomarlo, lo puso en su mano y le dobló los dedos en torno al objeto. Ella miró su manita blanca apretada entre las dos manazas negras y enseguida al cebú —vedijudo, apestoso, acosado por las moscas, sagrado—. El animal la miró con sus ojos cafés y húmedos. Una mujer le ofreció un sorbo de ron, pensando que se sentía mal. El licor viscoso escurrió por su garganta y pareció inflamársele debajo del esternón. Porque, de pronto, el corazón de Magda se expandió, como nubes de humo encima del fuego.

Cuánto amaba a estos animales, pensó, a estos árboles, a estos pájaros; su calor, su piel, sus colores, su olor. Una paloma colilarga cruzó en picada el curso de su mirada; un pichón azul canturreaba en un techo. Los pájaros barbudos eran como motas de vivo color estallando en el límite de su campo visual.

Fuerte, feliz, capaz, plena…

Tamo hablaba con el animal. Hablaba con el cebú. Por un instante. Nathan, esforzándose por entender lo que decía, creyó haber descifrado el código y que entendía el malgache. Entonces cayó en la cuenta de que Tamo hablaba en griego. Con una mano puesta en la cadera y la otra extendida a través del esternón, recitaba uno de los discursos aprendidos en la clase de letras clásicas del colegio Graylake. El hijo del pirata siempre había sido bueno en oratoria.

El *ombiasy* quedó impresionado. La gente murmuraba y acompañaba con movimientos de cabeza la fluida musicalidad del impecable lenguaje extranjero. Se abalanzaban hacia Tamo e introducían moneditas en los bolsillos de su pantalón. Magda quedó también admirada. Aquello era apropiado. Al menos a Magda así le pareció, aunque a su hermano no: una antigua lengua muerta empleada para dirigirse a los ancestros muertos. Porque Tamo hablaba con sus antepasados —a ella se lo decía el instinto— y trasmitía un mensaje al cebú para que éste lo llevara a su padre, en el mundo de los espíritus…

—¡No! —gritó Magda al darse cuenta de lo que estaba a punto de ocurrir.

Pero era demasiado tarde para evitar que el *ombiasy* hendiera la garganta del cebú. Se acercó de un salto, justo a tiempo para ser bañada de la cabeza a los pies por la sangre caliente que manaba a borbotones. Rodeó con los brazos aquella cabeza gigantesca y sintió las largas pestañas, tiesas como cerdas, temblar bajo sus manos. El *ombiasy* tuvo que apartarla, temiendo que la bestia la aplastara en su caída. Pero lo hizo con amabilidad, sin reproches, no como si hubiese profanado su ceremonia, sino como si hubiese actuado de manera enteramente natural, del todo dentro de sus derechos.

Magda no lloró. Mientras contemplaba al animal sacrificado tirado entre el polvo en los estertores de la agonía, no derramó una lágrima. Despidiendo vapor, empapando el suelo, la sangre fluyó alrededor y por encima de las semillas resbalosas y barrió con una colonia de hormigas. Magda supo el instante preciso en que murió el animal. Por supuesto: vestía su sangre.

Cuando por fin alzó la vista del cebú muerto, vio a su hermano Nathan mirándola acusadoramente, con el rostro contraído por la rabia. Debió pensar que ella había querido o había *pedido* al médico-brujo que le leyera la suerte, y nada de eso había ocurrido. ¡Qué mirada tan llena de odio! En condiciones normales, hubiera bastado para dejarla hecha un mar de lágrimas. Pero el olor de la sangre y el sudor del cebú la impregnaban, y los cebús son fuertes y no conocen las lágrimas.

Sentía la sangre tibia untada a su piel. Las moscas la acosaban. Así que fue a lavarse al río. Pero el río era también rojo. Así que aun cuando terminó de enjuagarse, tenía la impresión de que el color carmín se le había quedado pegado. Escarlata. El color del viernes. El día de la fuerza.

El dedo mágico

A Magda le dio por hacer ganchillo. Tejía con rafia y lana, y experimentó con fibra de coco, yute y fibras de tallos de bambú. Cada objeto de la casa pronto tuvo su propia carpetita debajo. Las repisas que insistió en que le hicieran lucían orlas tejidas y a los chicos les confeccionó unos cuellos de encaje domingueros.

Los muchachos veían con poco entusiasmo aquellas telarañas de rafia. En cambio, los aldeanos de Zaotralana apreciaban la destreza de Magda y venían de visita para admirar sus manualidades. Magda enseñó a las mujeres a hacer ganchillo y ellas le correspondieron mostrándole cómo separar el arroz de la cascarilla y a cocinar tripas de borrego cuajadas en manteca. La cornamenta del cebú sacrificado adornaba el rincón noreste —el rincón sagrado— de la cabaña, junto con rollos de escritura sacra de puño y letra del *ombiasy* para repeler al espíritu de Thomas White.

No obstante, Tamo pasaba largas horas caviloso, pensando en la predicción de que él habría de seguir la huella de su padre. Nathan lo incordiaba sin tregua.

—¡Pero si Dios nos dotó de albedrío! ¡Para obrar como nos parezca justo! —le decía.

Tamo no se daba por aludido. No sembraba ni cuidaba el jardín. No reparaba los agujeros en el techo de la cabaña ni recogía leña para alimentar el fogón. Se limitaba a pensar y a limpiar su pistola, que se había cubierto de salitre. Apenas hablaba.

Durante algunos días, Nathan pensó en retirarle el habla a su hermana, por haber consentido en que le leyeran la suerte. Pero al ver que Magda no se aficionaba a los cánticos, a las danzas, al sacrificio de animales, ni a beber aguardiente, resolvió que, más que pecadora, había sido víctima de un acto pecaminoso. Se limitó entonces a insistir en que debía quemar la ropa manchada con la sangre del cebú.

El resultado fue que Magda se acostumbró a vestirse con el *lamba* malgache, aunque se lo echaba al hombro como una toga romana, a falta de busto donde sostenerlo. Luego del asunto de la adivinación, Nathan notó que, en efecto, su hermana *cantaba* con mayor frecuencia de lo que él recordaba. Pero como lo que cantaba eran himnos religiosos, no la desalentaba. Debe ser un intento de no flaquear, pensaba, en medio de este mundo de bárbaros. De hecho, él mismo halló cierto consuelo en cantar, en particular las arrebatadas piezas de John

Bunyan, y de lejos podía oírse a los hermanos deambular por los cocotales.

Aquel que sepa arrostrar
los peores desastres,
¡será llamado a seguir
tras la huella del Maestro!

Húmedo e infatigable, el calor se tornaba cada día más aplastante. Mosquitos del tamaño de abejorros ennegrecían el aire sobre todos y cada uno de los charcos de agua estancada. Los arrozales se secaron y se agrietaron formando mosaicos de baldosas coloradas. Las plantas se marchitaban y morían. Después llegaron las lluvias.

Las nubes cargadas de agua se amontonaban una encima de otra construyendo acantilados de vapor negro a punto de desplomarse. Luego se resquebrajaron, con el estallido de un trueno digno del Juicio Final. La temperatura descendió diez grados. La selva calló. Todo sonido fue borrado por el siseo universal de la lluvia al caer. Los árboles despedían vapor. Las chozas despedían vapor. Paradas en mitad de los senderos, las vacas despedían vapor y sus flancos se contraían en espasmos acusando el frío acicate del chubasco tropical. El horno de un carbonero lograba mantener de milagro su corazón ardiendo; se hubiera dicho que era el último fuego encendido en la Tierra entera.

Todo el mundo abandonó su choza y se paró de cara a la lluvia, cerrados los ojos y la boca abierta mientras, a sus espaldas, toda suerte de minúsculas criaturas y enormes insectos se colaban en las chozas para no mojarse. Tamo pasó en vela la mitad de la noche, ahuyentando ratas, culebras y escarabajos. El mar se perdió de vista, pues no sólo la cortina de lluvia era impenetrable, además planchaba las olas y ocultaba el ruido de la rompiente. Aquella noche el aguacero escondió también otro ruido: el de un barco que encalló en la playa aprovechando la marea alta.

La tierra roja comenzó a agitarse. De ser polvo se reconstituyó en barro. A la mañana siguiente lotes completos del asentamiento se habían convertido en una ciénaga de lodo carmesí. Sin mediar palabra, la gente rompió con la rutina y encaminó sus pasos hacia los arrozales.

—¿Qué sucede? —preguntó Nathan asomado a la puerta. Era como tratar de ver a través de una cascada.

—Tiempo de labranza —repuso Tamo, sin levantarse.

—No, no. La gente está arreando las vacas. Las están sacando de la aldea. Es el Diluvio, estoy seguro.

Nathan ponderó las posibilidades que tenía de construir una segunda arca: el Arca de Nathan. Eran muy escasas.

—Usan a los animales para hacer barro —le aclaró Tamo.

—¿Usan? —terció Magda con vehemencia—. ¿Son “ellos” ahora?

En Inglaterra, cuando llovía, todo el mundo se quedaba en casa. Aquí, todo el mundo salía y, aunque parecían empequeñecidos —el cabello untado a la cabeza, las ropas ceñidas por el agua—, por alguna razón estaban poseídos por la alegría. Aullando de risa, enarbolando varas de bambú, arreaban sus rebaños sagrados en una procesión torpe acompañada de mugidos.

—Vamos a ver —propuso Magda.

—Sí. Anda, Tamo, anímate —lo invitó Nathan.

—Hagan lo que les dé la gana. Yo prefiero no mojarme —repuso con petulancia el hijo del pirata.

Así que los hermanos hicieron una inspiración profunda, como buceadores de coral, y se zambulleron bajo la lluvia. Al principio daba la sensación de estar fría, destemplaba la piel, pero al poco rato se sentía tibia y relajante al deslizarse por dentro y por fuera de la ropa. El suelo cedía bajo sus pisadas y el lodo escurría por entre sus dedos; cada paso era un resbalón. Podía verse a los pájaros posados en el suelo, con las alas abiertas, sacudidos por el impacto de las gotas y, sin embargo, cantando, transportados al éxtasis por lo mojado. Una flor carnívora desbordaba agua. El río bajaba espeso por el lodo revuelto.

¡Lodo! Era algo tan fértil y vivo como la ceniza volcánica y el chiste era prepararlo y colocarlo tan pronto como fuera posible con la primera siembra de arroz. No había arados, caballos, rastras ni palas. Lo que hacía la gente era arrear el ganado hasta los campos y acicatearlo de uno a otro extremo silbando, gritando y cantando. La vacada chapoteaba en la ciénaga, pisoteando la tierra roja y formando un embalse de fango cada vez más hondo, hasta que los animales apenas podían despegar los cascos de aquel lodazal encrespado.

Tamo, no obstante sus palabras, estaba igual de inquieto por salir que los demás. Se sentía enjuto, como una semilla pardusca, cuarteada, atrapada en una grieta de tierra; necesitaba sentir que lo calaba la lluvia. Pero en lugar de seguir a los demás rumbo a los arrozales, tomó la dirección contraria, bajando hacia la playa. Quería estar solo. La lluvia le sacaría todo el polvo, los insectos muertos y las cascarillas pardas de arroz acumuladas durante la seca. Se adentraría en el mar hasta que el agua le llegara a media pierna y arponearía algunos peces con un bambú de punta afilada, y ojalá la lluvia se llevara sus sombrías cavilaciones.

Pero alguien se le había adelantado. Vio un barco tumbado sobre uno de sus costados, panzón como una ballena varada. Lo estaban carenando: raspaban de la quilla algas, percebes y caracoles parásitos. Un salmón que retorna al río de su infancia no junta jamás tantas liendres como el casco de un barco que surca el Océano Índico.

Habían descargado sobre la playa los cañones, las armas de menor calibre, la munición, y construido fortificaciones por toda la bahía, en prevención de un ataque. Porque los marineros sin barco se sienten vulnerables, desconfían de tierra firme, de las selvas colgantes y los impredecibles nativos del interior. Los marinos habían puesto boca arriba a tres tortugas: carne fresca. Los animales yacían indefensos, panza arriba, mirando el cielo que nunca antes habían contemplado, meneando sus debilitadas patas como muñones.

Tamo permaneció inmóvil. La lluvia desdibujaba cualquier detalle del navío y, puesto que el mastelero se encontraba apoyado en la arena, no ondeaba sobre él bandera alguna. La tripulación andaba bajo el aguacero como fantasmas y el ruido de sus herramientas era silenciado por el siseo de la lluvia. Si acaso hablaban entre ellos, sus palabras descendían en riachuelos hasta la orilla del agua. Un carpintero aserraba un tablón sin hacer ruido.

Una vez que una sección del casco quedaba limpia, lo siguiente era untarla con sebo y alquitrán para sellarla contra el agua. Pero los intentos por derretir el sebo sólido habían fracasado. No había leña seca para encender el fuego. Se acercó un hombre a las hogueras anegadas y las deshizo a patadas, maldiciendo en voz alta; vestía una chaqueta roja y un enorme tricornio cuya copa recogía la lluvia y se vaciaba cada vez que el hombre inclinaba la cabeza.

Era Sheller.

Seguramente había empleado esas semanas en dar la vuelta a Madagascar, deteniéndose en los distintos reductos piratas, traficando con esclavos y haciendo otros negocios. Debió cruzar hacia la costa de África, para desembarcar su cargamento, pues no se veían esclavos y apenas había carga sobre la playa. Tamo observaba a través del velo de la lluvia: aquél era el amigo de su padre, su tutor, el hombre que vendía hombres y muchachitas.

Un barco debe ser carenado cada dos o tres meses. La visita de Sheller quizá no durase más que el tiempo necesario para restaurar el barco. ¿Pero qué iba a pasar una vez que la operación de carenado concluyera? Enviaría a sus hombres tierra adentro en busca de víveres frescos; insaciable, organizaría una expedición relámpago para capturar más esclavos. Tamo no encontró nada fortuito, ni remotamente, en el hecho de que su tutor hubiese recalado en Zaotralana. No era sino algo ya escrito en su inexorable destino…

Tamo se despabiló. Tenía que alertar a los aldeanos. No había derecho a que su triste destino les acarreara a ellos nuevas desgracias. Era preciso que desaparecieran entre la selva, que se ocultaran hasta que Sheller hubiese robado a su antojo lo que había en la aldea y se hiciera a la mar.

Empezó a retirarse caminando en reversa, renuente a dar la espalda al barco encallado y a su enjambre de tripulantes. Su lanza de bambú se atoró en la grieta de una roca y salió disparada de su mano girando en dirección a la playa. Pero los marineros no vieron ni la lanza ni al muchacho. Toda la muralla de vegetación que daba al mar se desleía bajo la lluvia; el agua la limpiaba de las ramas y las hojas secas como si fuese paja enredada en una cabellera.

A causa de la labranza, la aldea estaba desierta, con excepción de una anciana que se había quedado al cuidado de un puñado de pequeñitos. Hasta ahí todo iba bien. Quizá hasta el ganado podría salvarse, escondido entre la maleza, de los empeños de acopio de carne fresca del contramaestre. Tamo subió entre resbalones y patinazos por los senderos de fango rojo. Desde lejos, los cánticos alcanzaban a escucharse entre la lluvia. Entre la rítmica música malgache, Tamo distinguió los raros ecos del colegio Graylake:

Labramos los campos
y confiamos a la tierra la buena simiente,
pero quien le da agua y sustento…

Al llegar a los arrozales, Tamo no conseguía hacerse oír. Su voz se perdía entre los mugidos de los toros, el chapoteo del fango y los cánticos. Resbaló y cayó de bruces entre el lodo. Pero a todo el mundo le había ocurrido eso mismo más de una vez. Cuando logró incorporarse, estaba cubierto de fango de pies a cabeza y rodeado de hombres, mujeres y niños igualmente ataviados. Sus rostros eran una máscara de lodo; sus brazos, piernas y cuerpos estaban rojos de lodo. Parecían estatuas de barro moviéndose sin descanso con el agua a la rodilla. La lluvia alcanzaba a lavarles la coronilla, pero el resto del cuerpo lo cubrían varias capas de lodo.

—¡*Mpanompo!* ¡Los negreros! —gritó, jaloneando de la camisa al primero que encontró.

Cuando aquel rostro se volvió para mirarlo, Tamo encontró sus ojos azules y su boca que cantaba:

La nieve en invierno
y el calor para hinchar la semilla
¿Habéis oído?

—¿No? ¿No habrá nieve? No, me imagino que no.

Nos regala los monzones en invierno
y el fango para henchir la semilla.

Por primera vez, Nathan conocía la gloria de ponerse hecho un asco.

—¡Gull! ¡Óyeme! ¡En la bahía! ¡Es Sheller!

—¿Sheller?

Una vaca embistió a Tamo por la espalda y lo tumbó. Nathan lo rescató del lodo.

—¿Sheller ha venido?

Una mujer de barro se detuvo y se les quedó mirando. Por el color del cabello en la coronilla, Tamo reconoció a Magda.

—¿Y qué vamos a hacer? —le preguntó ella.

—Huir. Escondernos. Que no nos vea. Si vino en busca de esclavos, no encontrará ninguno —repuso Tamo.

—Entonces arrasará con lo que encuentre.

—Son sólo cosas —comentó Tamo con desdén.

—Y se irá a otra parte. A la aldea vecina.

—Exacto —remató Tamo y se abrió paso entre el lodo para gritar al oído de los malgaches—: *¡Mpanompo!* —señalando hacia la bahía.

Los ojos cafés se dilataron, mostrando el blanco en señal de miedo. El ruido se fue apagando, a medida que los labriegos, uno tras otro, interrumpieron su faena.

Empezaron a alejarse hacia la selva como espíritus que presienten el alba. Las mujeres que habían dejado a sus pequeños en la aldea querían volver por ellos; algunas lo hicieron, otras fueron arrastradas por sus maridos, entre llantos y lamentos, sin quitar la vista de los techos que descollaban por encima de los bosquecillos de bambú. El lodo que cubría sus rostros palideció al secarse. Escampaba.

—Va a saquear la aldea —dijo Magda indignada—. Va a meterse en nuestra casa.

—Sí. Podría reducir a cenizas la aldea; así se las gasta el hombre —convino Tamo.

—¿Quemar nuestra casa?

Magda se había quedado clavada en su sitio. Su cabello rubio era cada vez más visible.

—¿Con qué quieres que les hagamos frente? ¿Lanzas contra espadas y mosquetones?

—En Bermuda les echaban encima al ganado —terció Nathan abstraídamente—. Yo lo leí.

—Su problema es que si por usted fuera, que arrasen con todo —seguía reclamando Magda a Tamo, haciendo pucheros.

—Provocaban una estampida —decía Nathan, mirando al ganado seguir los pasos de los aldeanos.

—¿Si por mí fuera? ¿Por qué habría yo de querer tal cosa? Vamos, señora, no diga necedades.

—¡No me llame señora sólo porque cree usted que soy tonta! —replicó Magda—. ¡Y le diré por qué! ¡Porque ha olvidado en qué consiste ser malgache!

Nathan despertó de su ensoñación para encontrarse con que los otros dos peleaban.

—¡Deténganse! Ya vienen —dijo.

—Por el contrario —retrucó Tamo con el acento altivo de un prefecto de Graylake—. Yo diría que deben estar haciéndose a la mar precisamente en estos momentos. Pienso que vararon el barco sólo para carenarlo. Tal vez no se les ocurrirá subir hasta aquí.

—Entonces por qué acabo de ver a los pájaros salir volando de los árboles. Alguien sube por el sendero del acantilado.

—*¡Tay be!* ¡Vamos a ocultarnos! Si Sheller nos ve...

Los hermanos miraron a Tamo con indignación, convertidos en dos gárgolas de barro.

—¿Creen que tengo miedo? Ustedes creen que soy un cobarde. Pero si Sheller se entera de que estamos aquí, se desquitará contra la aldea. ¿Me harían, pues, el favor de esconderse?

—Se quedaron algunos pequeños allá abajo.

—No se llevará a los chiquillos como esclavos. Morirían durante el viaje.

—Si entra en las chozas a buscar cosas que llevarse, encontrará su pistola, Tamo. Tiene su nombre grabado en la cacha.

Tamo se quedó boquiabierto. No tenía idea de que Magda reparara en esos detalles. Pero en lo de la pistola, tenía razón.

—En el Caribe... —dijo Nathan dubitativo.

—¿Sí? —lo urgió Tamo.

—¿Sí, qué?

—*¿Que qué hacían en el Caribe?*

—Ah, eso.

Nathan no pensó que se interesaran. Extendió dos dedos juntos, simulando una pistola.

—¡Pum! —dijo con suavidad.

Los otros se le quedaron mirando.

Entonces, sin avisar, Nathan enarboló su picana de bambú y corrió hacia donde estaba el ganado, que se había reunido desconcertado en una esquina del arrozal. Los acometió a varazos y gritos y se cayó cuan largo era en el cenagal. Se incorporó y continuó vociferando como un perro pastor. Magda se le unió, golpeando dos palos de madera y gritando al mismo tiempo.

El ganado comenzó a salir sin prisa del sembradío y emprendió al paso el regreso a la aldea.

Tamo corrió al horno de carbón que aún humeaba desafiando la lluvia y descubrió a patadas el corazón al rojo vivo. Mientras el ganado pasaba frente a él en un trote despacioso y tranquilo, Tamo extrajo una tea ardiendo y golpeó con ella la espalda de las bestias sagradas.

El cebú que iba a la zaga, al sentir una quemadura en el trasero, dio una reparada, chocando contra la vaca que tenía enfrente. Los hijos del carbonero llegaron a todo correr desde su cabaña para increpar a Tamo por haber destruido el horno de su padre. Sus gritos se sumaron al barullo. Los cebús arrancaron en una desordenada carrera, como si tuviesen las rodillas descoyuntadas, echándose unos encima de otros hasta topar contra una choza. Del techo se deslizaron algunas palmas que cayeron encima de las vacas y éstas se precipitaron hacia adelante más rápido que nunca, mugiendo. La anciana que cuidaba a los chiquillos cogió entre sus brazos a cuantos pudo y les gritó a los demás que se hicieran a un lado. Cuando el ganado atravesó en estampida la aldea su rostro era la representación más pura del susto.

Finalmente, los cebús rebasaron a Magda y a Nathan, que para entonces estaban agotados. Sobrepasaron también a Tamo. Cruzaron al galope tres jardines y volcaron las vasijas donde se guardaba el arroz limpio junto a la cabaña comunal. Iban camino al mar... El capitán Sheller, dedicado a poner a flote su barco, volvió la vista hacia la avalancha de verdor que cubría el acantilado y advirtió una conmoción. Había enviado a algunos hombres a buscar fruta, pollos y algunos esclavos. Pero ahora veía a su partida de compinches volver sobre sus pasos, pegando de gritos y tratando de ponerse a salvo. El sendero, anegado de lluvia, se desintegró bajo sus pies, precipitándolos cuesta abajo.

—¡Zafarrancho de combate! —ordenó Sheller, pero el retaco de uno de los cañones estaba empapado y el fogón de otro rebosaba agua. El tercero reculó hasta la rompiente a consecuencia del tiro y la bala estalló en la pared del acantilado. Tres palmeras fueron derribadas como pinos de boliche y en su caída arrastraron a una cuarta y a una quinta. Cayeron dando vueltas hasta la playa y obligaron a Sheller y a sus carenadores a refugiarse brincoteando en el mar.

Desconcertado ante la naturaleza del ataque, Sheller optó por marcharse. Abordó su barco, botó una chalupa para el grupo que llegaba y se retiró hacia aguas profundas, dejando abandonados dos cañones y dos barriles de sebo en su huida. Al recorrer con su catalejo la cumbre del acantilado, todo lo que pudo distinguir fueron los cuernos extravagantemente retorcidos del ganado abriéndose paso entre los bambús. Un animal se desbarrancó, llevándose entre las patas a dos marineros hasta quedar patas arriba sobre la arena de la playa. Otro se arrojó, como un proyectil disparado por una catapulta de sitio, por el borde del cantil, trozando grandes ramas en su caída. Desperdigados por el farallón, marineros aterrados que habían subido con la simple intención de secuestrar unos cuantos nativos, resbalaban entre las resentidas pencas de los magueyes o dejaban jirones de ropa atorados en las espinas de los cardos.

Cuando la estampida se detuvo, aparecieron entre el ganado las siluetas de algunos nativos. Sheller pudo verlos a través de su telescopio. Sus rostros estaban cubiertos de lodo rojo y tenían el pelo erizado de púas endurecidas por el fango. Sheller vio a un grupo de salvajes, porque estaba predispuesto a ello. Y Magda, al darse cuenta de que el lodo la ocultaba completamente, se paró a la vista del navío, encantada con su disfraz. Se sintió casi como otra persona.

A su lado, Nathan se irguió de hombros y mostró un puño desafiante.

Fue una mala idea. Nadie la supo valorar. Los aldeanos, al salir de sus escondites, no entendieron cuál había sido el propósito de desatar una estampida. Podían haber permanecido ocultos en la selva hasta que Sheller se desesperara y se marchara. ¿Para qué presentar combate? A algunos de los jóvenes les agradó la audacia del recurso, su dramatismo. Pero sus madres se apresuraron a borrarles la sonrisa del rostro a bofetones. Los chiquillos habían corrido peligro. Una casa y varios jardines habían sido arrasados. Y lo peor: dos vacas sagradas habían hallado la muerte al caer por el acantilado. Pareció como si al enjuagarse el fango rojo, los aldeanos de Zaotralana se hubiesen lavado también la sonrisa. Aquellos rostros amigables que dieran la bienvenida a los forasteros habían desaparecido.

Tamo, Nathan y algunos jóvenes rescataron los cañones de Sheller de la playa y, con derroche de sudor y empeño, los aprestaron sobre la vereda del acantilado. Pero durante la maniobra, no hubo risas ni se cruzó palabra alguna.

—Así miraban a mi padre —dijo Tamo desconsolado.

Fue entonces cuando murió el ayeaye. Una noche, mientras cenaban langostinos con arroz sentados en el jardín, Tamo, Magda y Nathan miraban el resplandor de otras fogatas y la negra constelación de murciélagos eclipsando la luna. La posición en alto de su choza les permitía una panorámica libre de obstáculos del mosaico de cabañas y jardines.

—Ya no nos quieren —dijo Nathan—. Hasta yo puedo verlo.

Magda alzó la vista de su plato para ver si Tamo contradecía a su hermano, pero no fue así.

—Ya no tengo lugar en el mundo —comentó Tamo, haciéndose la víctima—. Ni en Inglaterra ni en Madagasikara. Quizá nunca lo he tenido.

—¿Vieron eso?

—¿Qué?

—Allá abajo. Alguien tiró su basura en el jardín del vecino. De veras. ¡Mira, la mujer parada en la puerta también lo vio! ¡Qué curioso!

El ama de casa ultrajada lanzó un grito de horror y llamó a su marido. Éste salió y regresó el bulto por encima de la cerca, acompañando la acción con una florida palabrota.

—No es basura —dijo Tamo sombríamente.

—No. ¡Es un animal muerto! —apuntó Nathan, al ver el minúsculo cadáver plateado volar por encima de la cerca—. Un mono o algo parecido.

—Es un ayeaye —precisó Tamo.

Casi de inmediato, el cuerpo fue arrojado sobre la cerca desde el otro lado y cayó en un rincón donde las mujeres solían limpiar el arroz. Quedó tirado, informe, entre dos morteros.

Una mujer, con la mano envuelta en un pedazo de tela, salió corriendo de su casa, recogió el cadáver y lo arrojó sin fijarse hacia el claro central.

—Pobre animalito —dijo Magda, tratando de adivinar qué clase de bicho era aquel—. Me encantaría verlo.

Se levantó y recogió a los muchachos sus platos de hoja de palma, como si se dispusiera a lavarlos.

—¿Por qué no se lo comen? —preguntó su hermano—. Si se comen todo lo demás.

Estuvo un rato tirado fuera de una choza, inadvertido, hasta que un vecino chismoso zarandeó la puerta y alertó a sus ocupantes. Una anciana, de paso vacilante por el sueño, quería desaparecer al animal muerto cerrando los ojos. Nadie se atrevía a tocarlo. El chismoso y la vieja se abrazaron uno al otro y trataron de ahuyentarlo haciendo aspavientos, pero la criatura muerta los ignoró. Entonces el chismoso señaló en dirección a la choza de Tamo.

Tamo se sentó sobre sus talones.

—Más vale que no lo intenten —dijo, lanzándose a buscar su pistola—. Más les vale.

—¿Por qué? ¿Qué cosa es? ¿Murió de algo horrible? ¿Está infectado o qué? —preguntó Nathan.

—Un ayeaye —respondió Tamo con desagrado—. "El dedo mágico". Es de buena suerte si está vivo, pero muerto es la mala suerte con patas. Si lo vienen a echar aquí, los voy a...

Tamo se dedicó a poner el fulminante a su pistola, aunque no tenía pólvora. Quizá bastara para disuadir a los aldeanos de venir a aventarle la mala suerte por sobre la verja del jardín.

Entonces descubrieron una nueva silueta, abajo, en la calle de la aldea. Era Magda. Los chicos no notaron su ausencia, pero su curiosidad por ver al animal muerto la había conducido hasta allí. Los aldeanos le pusieron mala cara, sin saludarla, y retrocedieron dejándola muy cerca del ayeaye muerto. Magda se acercó a verlo.

Tenía un rostro delicado y, al igual que el del gálago, estaba casi enteramente ocupado por los ojos. La brisa despeinaba su pelaje, como si tuviera vida. Sus manos, frágiles y lampiñas, tenían un dedo medio muy alargado con el que parecía, aún después de muerto, estar señalando a Magda.

Magda le habló suavemente. Para ella no era ninguna novedad hablar con algo inanimado. Todos los días, en su solitaria rutina, conversaba con las sillas, mientras las pulía, con los cepillos que permanecían tiesos en el fregadero, con los pájaros muertos que traía el gato. Qué animal más extraordinario. Qué pena pensar que había perdido la oportunidad de verlo con vida. Magda lo recogió y lo acunó entre sus brazos.

Los aldeanos se le quedaron mirando, con los ojos tan redondos como fueron en vida los del ayeaye.

Al inicio de la cuesta, su hermano se le emparejó.

—¿Qué vas a hacer con él? —preguntó.

—Lo voy a enterrar junto a las orquídeas.

—Por estos rumbos, la gente no conoce una versión peor de la mala suerte.

—Ah. Con razón —repuso ella.

—Tamo es de la misma opinión —abundó su hermano.

—Bueno. Está bien. Ya entendí.

Magda cambió de rumbo y, en vez de subir a la casa, se perdió con paso tranquilo entre los baobabs. Dejó el cadáver del ayeaye dentro de un tronco hueco y lo cubrió con helechos.

Al día siguiente, el suceso estaba en boca de todos: cómo la muchacha blanca había sacado al ayeaye de Zaotralana, echándose toda la mala suerte, para bien de su prójimo.

Le temían. Le negaban la mano —hasta que la mala suerte se le desprendiera del todo—; pero le estaban tan agradecidos como si los hubiese rescatado de un incendio o de manos de los piratas. Se convirtió en heroína.

Tamo calificó el episodio como de mala suerte, pero Magda no sintió ninguna premonición ominosa. En realidad, si esto era de mal fario, a sus ojos era la racha de mala suerte más afortunada que padecieran desde su llegada.

Hechizado

Nathan pensaba en cómo volver a casa. Ahora se daba cuenta de que solamente había venido a vacacionar a estos parajes. No era lo suyo. Era hermoso pero incomprensible. Era el Paraíso, pero el de otra persona. La gota que derramó el vaso fue cuando sacaron a los muertos.

—Si tú entierras a alguien bajo la tierra, allí lo dejas hasta el día del Juicio —le decía categórico a Tamo—. Esto que me cuentas es… ruin. Es repugnante. Los únicos que desentierran cadáveres son las brujas y los saqueadores de tumbas.

—Eso es en Inglaterra —repuso Tamo.

Nathan fue en busca de Magda.

—Magda, querida, debes ser muy valiente —la instruyó, haciendo un denodado esfuerzo por imitar a su padre—. Algo realmente horrible está a punto de ocurrir, pero tú y yo nos mantendremos completamente al margen.

Apretó sus labios resecos con determinación. Rodeó con un brazo fraternal los hombros de su hermana. Debajo de su piel bronceada por el sol, se había puesto de un verde desagradable.

—¿Otra vez exagerando, Nat? —replicó Magda.

Estaba atareada en polinizar las orquídeas del jardín. A su alrededor, un montón de corrales y nidos bullían con animalitos. Se encontraba sentada entre las flores y un lémur, regalo de una de sus muchas amigas de la aldea, se acurrucaba en su regazo.

—Van a desenterrar los cadáveres de sus ancestros —dijo Nathan.

—*¡Tay be!*

—¡Magda!

—Te ruego me perdones, hermano —humilló la cabeza en señal de arrepentimiento, pero en realidad estaba sorprendida de que Nathan supiera el significado de la expresión. Hasta ahora no había mostrado grandes aptitudes para aprender el idioma.

—*¿Por qué* tienen que desenterrarlos? —se preguntó Nathan.

Magda le dedicó una larga, antigua mirada.

—Nathan, de nuevo estás confundido —le dijo.

—¡Dios es mi testigo! ¡Se proponen bailar con los cadáveres! ¡Pregúntale a Tamo! ¡Anda!

Magda se estremeció.

—¿No es repugnante? ¿Eh?

Las facciones de Magda se petrificaron como una máscara. Su vista seguía en la boca gesticulante de Nathan, pero en realidad se hallaba en otra parte, veía a otra persona. Estaba en la recámara de su padre; le había llevado la bandeja con el té de la mañana, trataba de despertarlo. Nunca despertó. No hubo sangre. Únicamente el té marrón reluciendo entre los pedazos rotos de la tetera a sus pies. Sólo la leche derramada.

Poco después, mientras los alguaciles irrumpían en la habitación y los parroquianos discutían a voces en la escalera, se había inclinado a darle un beso en la mejilla. Estaba tan fría que retiró la cabeza con un respingo y retrocedió unos pasos. Se alejó de él, igual que todos los demás, que lo fueron abandonando como a un apestado hacia el final de su malhadada existencia. Quién hubiera imaginado aquella frialdad. Qué ajena a la tibieza de algo vivo.

Magda acercó el lémur a su pecho, buscando su calor.

Más tarde, había asistido al entierro de su padre en la fosa común. Lo único que recordaba era la pestilencia, el apabullante hedor de aquel lugar.

Nathan previó que a su hermana la impresionarían sus noticias, pero no pensó que cayera postrada a sus pies, repentinamente enferma.

—Quizá no debí decírtelo —se disculpó débilmente.

Los hermanos se encerraron dentro de la choza aquel día de la *famadihana.* La víspera del festejo sumió a Tamo White en una depresión más honda que nunca, al pensar cómo a su padre se le había negado esta gracia.

—Supongo que ocurrirá lo mismo conmigo —se lamentó—. No seré enterrado según la costumbre. No habrá para mí *famadihana.*

Tirados en sus camas, con los ojos firmemente cerrados, los hermanos no le hicieron ningún caso.

—¿Están enfermos o qué? —preguntó Tamo, y salió dando un portazo.

Nathan sorbió la nariz de una manera peculiar, que disimuló con un estornudo. Magda se incorporó, apoyándose en un codo para mirarlo.

—¿Qué tienes? —le preguntó.

Nathan abrazó sus piernas contra el pecho.

—Parecía ser tan valiente allá en el colegio... Si vine fue porque creí... Pensé que podría hacerse cargo de nosotros, de ti. Pero ahora que estamos aquí, me parece tan cobarde como... como...

—... como yo —completó Magda con generosidad.

—Exacto. Sí. Asustado como una chica.

—Sí. Es como cuando vas a algún lado con un adulto y de pronto descubres que el adulto no es más que un niño disfrazado —dijo Magda.

—¡Exacto!

Magda dejó transcurrir unos minutos sin hablar.

—Fíjate. Me acuerdo. Papá me dijo una vez: "Los adultos no son sino niños con ropa más grande. Hacen como si supieran".

—¿Cuándo te dijo eso?

—El día en que los alguaciles se llevaron el piano.

Habían imaginado lentos redobles de tambores y repiques de campanas. Supusieron cánticos satánicos y el escalofriante cloqueo de las brujas. Lo que nunca imaginaron fue una verbena. Conforme el sol dejó sentir su fuerza y el calor se recargó como un rebaño de cebús contra los muros de la choza clausurada, la algarabía que llegaba a ellos desde la aldea era propia de una fiesta. Se oían risas de niños. Por distintos lugares los músicos entonaban distintas melodías en sus *valihas* de bambú. Las mujeres comenzaron con su música de aplausos, diez ritmos sobrepuestos, perfectamente sincopados. Todos los fogones estaban encendidos y el olor que flotaba en el aire no era el de un cementerio sino el de carne asada y nueces tostándose en un brasero. Había oradores recitando. Cuentacuentos con sus exageraciones. Seguramente los aldeanos hacían de tripas corazón antes de emprender la horrible tarea.

De pronto se abrió la puerta de la cabaña y asomó la cabeza de una muchacha. Era Noro, la amiga que le había regalado el lémur a Magda.

—*¡Oh! ¿Ianao marary?* [¡Oh! ¿Están enfermos!] —preguntó.

Magda contestó que no lo estaban.

—*¡Avia (ianao) hampahalalako ny renibeko!* [¡Ven a conocer a mi abuela!]

—¿Qué quiere? —preguntó Nathan a su hermana.

—Como que quiere presentarnos a su abuela.

Noro permaneció de pie en el umbral, sonriendo, sofocada luego de subir la cuesta. Llevaba las manos llenas de pulpa de coco tostada. Le arrojó una poca a Nathan y aclaró que él no estaba invitado, únicamente Magda.

Magda no encontró manera de negarse sin resultar descortés. Al parecer, los rituales no habían comenzado todavía y se sentía un poco mal por haber sido sorprendida en la cama al mediodía.

—No irás a acompañarla, ¿verdad? —preguntó Nathan cuando la vio levantarse—. Conste. ¡Te atienes a las consecuencias!

Sólo después de que Magda hubo partido, a Nathan se le ocurrió que los aldeanos querían a su hermana para sacrificarla. Por fortuna, ni siquiera él creía realmente en esa posibilidad.

Magda siguió a Noro hasta un descampado situado al noroeste, más allá de la aldea, donde el río fluía entre el cementerio y un agradable prado. No pararon de reír todo el camino, aunque apenas se daban a entender. O quizá porque apenas se daban a entender.

—¿Tu abuela... vino de visita? —preguntó Magda, a sabiendas de que la chica no la comprendería.

—*Ho tianao ny renibeko* [Vas a caerle bien a mi abuela] —repuso Noro, también consciente de no ser entendida.

A ninguna le importó. Con el tiempo iba a ser más fácil. Todo a su debido tiempo.

El prado era un paraje hermoso. En un mantel tendido en el suelo se habían puesto raciones de carne, para asegurarse de que todos alcanzaran a compartir la res sacrificada aquella mañana. Los perros, amarrados a las jambas de las puertas en la aldea se desgañitaban a ladridos ante el olor de toda aquella carne.

Un grupo de chiquillos lanzó un grito sofocado luego de algo que dijo el cuentacuentos. Algunos lémures habían descendido de los árboles y daban saltitos sobre sus cuartos traseros, a prudente distancia, curiosos por averiguar de qué se trataba todo aquel jaleo. Las cáscaras de plátano yacían donde las habían dejado caer los niños. Las familias se habían sentado a comer formando pequeños grupos, todos hablando al mismo tiempo. Vestían de blanco —como los niños en su primera comunión— y habían traído consigo manteles también blancos.

"¡Qué *sábanas* podría yo hacer con esos manteles", fue lo primero que vino a la mente de Magda. La mayoría de la gente en Inglaterra no tiene sábanas.

Pero antes de que pudiera preguntar a Noro dónde podría comprar aquella tela tan suntuosa, la familia de la muchacha las ubicó y con señas llamaron a Magda, poseídos de gran entusiasmo. "¡Ven a conocer a la abuela!", decían, invitándola con movimientos de sus grandes manos morenas. Varias ancianas

—cuarenta, tal vez, o cincuenta— mostraron a Magda sus encías desdentadas y ella les correspondió con una reverencia, pero ninguna era la abuela de Noro.

La abuela yacía en el suelo y la abanicaban con una hoja gigantesca, mientras en un recipiente lleno de agua del río enjuagaban sus tibias. Reconstruido con esmero hueso por hueso, su esqueleto reposaba enterándose de los últimos sucesos en la familia, mientras se lavaban y acomodaban los huesos de sus pies. "Y ésta es la muchacha que nos libró a todos de la mala suerte, la noche en que murió el ayeaye —le explicaban—. No sabes qué buena muchacha. Vino desde el otro lado del mar, abuela."

Magda captó bastante bien el sentido de lo que comentaban, pero no sabía cómo conducirse. La repugnante calavera bostezaba ante ella; su mandíbula inferior formaba un ángulo absurdo con el cráneo. No se percibía olor alguno. Era sólo un esqueleto. Donde alguna vez se trenzaron los tendones había aire; sol donde antaño se tendía la piel.

En Inglaterra, esculpían calaveras parecidas encima de los sepulcros, para decir: "La vida es pasajera. La muerte segura", y para inducir a los hombres a portarse bien a través del miedo. Eran una advertencia contra el goce excesivo de la vida. Pero esta gente ha cambiado a la abuela por este... este *horror*, y no parece incomodarles.

¿Cómo debiera comportarse Magda? ¿Qué hubiese hecho Nathan en sus zapatos? Señalar lo errado de las costumbres na-

tivas; eso habría hecho Nathan. El esqueleto le dedicó una sonrisa, tan contenta como las del resto de la concurrencia. "¿Quién es aquí el forastero? ¿Tú o yo?", parecía decirle, moviendo sus labios ausentes.

Armándose de valor, Magda eligió sus palabras en un malgache cuidadoso y dijo:

—La abuela está con Dios.

—¡Sí! ¡Sí! ¡Claro que sí! —convinieron todos—. Y ahora ha venido aquí. ¡Dios está aquí también!

Rieron y le ofrecieron un mango, por ser una muchachita tan lista. El lienzo blanco resultó no ser un mantel sino un sudario nuevo.

Cada uno de los manteles blancos era un nuevo sudario para los muertos desenterrados. Por todo el prado se repetía el mismo ritual: los huesos de los parientes y amigos muertos eran lavados y vueltos a envolver con ternura en el lienzo limpio, alrededor del cual se enrollaban sogas y después se cargaba el bulto sobre los hombros para iniciar el baile. La familia de Noro comenzó a reunir todos los huesos limpios, para hacer con ellos un envoltorio compacto. Magda permanecía de pie en el extremo donde habían estado los pies del esqueleto.

Volvía a sentir la bandeja con el servicio del té entre sus manos vacías.

—Esperen —dijo, y la parentela se volvió a mirarla, sorprendida. Magda rodeó por detrás el grupo acuclillado hasta llegar donde estaba la cabeza de la abuela. Se agachó y tocó con la punta de los dedos el pómulo de la calavera. Para su sorpresa, se sentía tibio, suave y un poco seco, como la piel de un anciano.

—Perdón por haber alejado la cara, papá —dijo.

Luego se incorporó e hizo una reverencia respetuosa a la antepasada de Noro.

Noro la tomó por el codo. Había dejado de reír. Estaba plenamente consciente de que su amiga provenía de un país diferente, con costumbres diferentes.

—*Tena sahy ianao* —le dijo—. Eres valiente.

Y Magda pensó: "Es verdad, en Inglaterra no hubiese hecho esto mismo. No habría podido hacer esto en Inglaterra". No le contó a Nathan nada de lo que vio o hizo aquel día.

Valiente, fuerte y... ¿qué otra cosa había dicho el *ombiasy*?

Al caer la noche, los cuerpos habían sido devueltos a su lugar de reposo en la Aldea de los Muertos, cada cual bajo un techito de palma, cada casita renovada con flores y pendones blancos. Empezaba a soplar el viento. Poco más tarde, las corolas de las flores pasaron dando tumbos por los senderos, atorándose entre las grietas, las raíces de los árboles y las telarañas.

De la noche a la mañana, la selva comenzó a moverse, como un gran coro meciéndose al ritmo de su propio canto. Capas enteras de follaje se oscurecían y volvían a aclararse conforme el aire hacía girar cada una de las hojas. Enormes extensiones de bosque vibraban; parecía que la selva estaba a punto de hervir.

—Otra vez la lluvia —sentenció Nathan, a estas alturas creyéndose experto en monzón tropical.

Pero las gotas de lluvia en su piel tenían un gusto salado. Habían sido arrancadas del mar.

Podía oírse la voz del viento: gruñidos y lamentos que crecían hasta un rugido; un fragor en el mar semejante a cuando se sacude una lámina de metal. Los animalitos de Magda empezaron a inquietarse, iban de un extremo a otro de los corrales, pelaban los dientes. Tres hermanos pidieron a Tamo y a Nathan ayuda para mover su canoa. Nathan pensó que se trataba de llevarla más arriba de la marca de la pleamar, pero por lo visto su intención era cargar con ella hasta coronar el sendero del acantilado. Los muchachos tuvieron que contentarse con mover la batanga, de la canoa ni hablar, así que tuvieron que desmantelarla. Luego sudaron y empujaron hasta llenarse las manos de astillas y sólo consiguieron transportarla hasta el pie del acantilado.

Nathan estaba de pie, cargando el bote volcado sobre su cabeza, cuando algo golpeó el casco por fuera, justo a un lado de su oreja: una rama tronchada por el aire.

—Pudo haberme vaciado los sesos —protestó.

Pero nadie lo escuchó. Una profusión de frutos, cocos, ramas y piedras bombardeaba la canoa. Tuvieron que dejarla caer y echar a correr. El mar vino tras ellos, gris, como la punta de un látigo.

De hecho, para cuando Nathan asomó por debajo de la canoa, todo el paisaje había sufrido un cambio de color. Pareció como si el viento hubiese barrido con los verdes, los bermellones y aguamarinas, para pintar todo de un gris parejo. El cielo se había desplomado hasta quedar justo encima de sus cabezas. El viento que llegaba del mar empujaba a Nathan cuesta arriba, lo zarandeaba y lo aventaba contra los troncos de los árboles y lo golpeó con un arbusto arrancado de cuajo. Cuando Nathan miró hacia atrás, el mar estaba hechizado: espigadas siluetas se paseaban entre las olas —torbellinos grises de movimiento puro que corrían hacia la orilla y bailaban en la rompiente—: marineros y pescadores desenterrados del lecho marino, listos para el baile. Fantasmas.

Nathan se pescó de Tamo, pero no consiguió hacerse oír entre el estruendo de la tormenta hasta que estuvieron de regreso en la cabaña. Todos los corralitos y los nidos de Magda estaban de cabeza y se atareaba en rescatar a los animalitos atrapados debajo.

Nathan se puso a gritar al oído de Tamo:

—¡Es la furia de Dios! ¡Los destruirá a todos por haber desenterrado a sus muertos! ¡Ya lo veía venir! ¡Yo lo sabía! ¡Arrasará con todos ustedes, como Sodoma y Gomorra! ¡Quizá esto sea el fin del mundo! ¡Ve cómo el mar está expulsando a sus muertos! ¿No los viste? ¡Fantasmas caminando por el mar!

Tamo pugnaba por atrancar la puerta del este con un tablón. De pronto se volvió en redondo. El grosero, el tristón, el pusilánime, el supersticioso de Tamo se volvió a mirar a Nathan… y soltó una carcajada. Todo fue tan repentino que incluso a él lo tomó por sorpresa y le dio un acceso de tos. Después todo fue toser y reír y reír y toser hasta que quedó tirado boca arriba, con las piernas pedaleando el aire.

—¡Eres un salvaje supersticioso, Gull! *¿Fantasmas?* ¡¿Fantasmas?! ¡Debería darte vergüenza! ¡Son trombas de agua, Gull! ¿Que nunca te había tocado un ciclón?

—¿Un ciclón? —dijo Magda, que se colaba dentro, con un lémur bajo el brazo.

—¿Quieres decir que no pasa nada? ¿Que no nos pasará nada? —preguntó Nathan.

En ese preciso instante, un árbol completo de aloe perforó el techo de la cabaña como una estocada de gigante *—fi fai fou fúm—* que buscara moler los huesos de algunos ingleses.

—No me atrevería a asegurar tanto —aclaró Tamo—. Igual nos morimos todos… Pero a fin de cuentas no es más que un ciclón. Cada año pasan por aquí.

Ciclón

La canoa que los muchachos habían tratado de poner a cubierto, el viento la levantó veinte metros en el aire. La embarcación terminó su vida navegando en el oleaje verde de la selva, entre las ramas más altas de un árbol de tambourissa.

Sogas y madejas de algas marinas, verjas y huacales, pasaban como bólidos; parecía como si el mundo hubiese dejado de girar tan súbitamente que todo lo que había encima se hubiera soltado de sus amarras. La gravedad había perdido su propiedad sobre la materia sólida. Escombros voladores demolían cualquier cosa que permaneciera sujeta por sus raíces. Cañas de bambú —como lanzas— volaban con sus puntas mortales por sobre los techos de Zaotralana; aquellos que aún quedaban, claro está, porque uno tras otro, el diestro trabajo de meses fue destrozado en minutos. Hojas de palma filosas como cimitarras rebanaban sin distinción cuerpos y extremidades que se encontraran desprotegidos. La lluvia salada de agua de mar se abatía no en goterones sino en cataratas sobre la aldea y la selva. El aire jugaba a la pelota con los perros y los pollos.

Los corrales y jaulas de Magda daban tumbos entre los baobabs y estallaban en astillas. La choza del carbonero, que no estaba sostenida por un horcón hundido en el suelo, simplemente se perdió de vista rodando; la familia se quedó chillando como los puercos que tiran cuesta abajo dentro de un barril en días de feria.

La oscuridad lo envolvió todo: una masa informe de nubes, basura, lluvia y arena que tumbaba la fruta de los árboles, desarraigaba los brotes de arroz de los sembradíos, pelaba el tronco de los cocoteros. El río refluyó sobre su cauce, subiendo cuesta arriba en abierto desafío a la naturaleza. Faltaba aire para respirar, como si el vendaval que corría tierra adentro sólo dejara tras de sí el vacío.

El mar vino a llenar aquel vacío. Las olas perdieron su rítmica paciencia y se precipitaron a tierra; cada séptima ola encabalgándose sobre las seis precedentes. Olas tan altas como edificios londinenses acarreaban a la playa toneladas de guijarros y piedras, bancos enteros de arena. Cardúmenes permanecían atrapados dentro de los muros de vidrio azul del agua en movimiento: tiburones y tortugas suspendidos en la quietud nerviosa de las olas a punto de reventar eran luego arrojados hacia la costa para caer en un medio extraño de manglares sumergidos y árboles ahogados. El mar mismo, henchido por el viento y billones de litros de lluvia, crecía y se rebalsaba hasta que pareció que Madagascar entera sería arrasada o estrellada contra las costas del África en un naufragio continental.

Dentro de la choza, los chicos yacían acostados en el piso, apoyados contra los muros, tapados con sus cobijas, escondiéndose de la inquina del viento, mientras el ciclón pugnaba por entrar a la fuerza en su casa. Rasguñaba las tiras de corteza; retorció al aloe del techo como un sacacorchos hasta que árbol, techo y todo el resto fueron arrancados. A partir de entonces había ciclón afuera y adentro, queriendo descerrajar las puertas, hundiendo las costillas de la construcción a violentas coces.

Con la cabeza envuelta en su cobija, Nathan era asaltado por pensamientos tan descabellados e irracionales como el clima. Resintió amargamente los daños a las repisas que había instalado al sentirlas caerle encima una tras otra en una tanda de golpes. Al tratar de quitarse una de ellas de la espalda, cogió una de las carpetitas que Magda había tejido y que inmediatamente se le deshizo entre los dedos.

—¡Perdóname, Magda! ¡Perdóname! —le gritó.

Pero el huracán no le dio permiso siquiera de arrepentirse, porque ahogaba todo ruido con excepción del suyo. Nathan no pudo hacerse oír.

De repente, se encontró de vuelta encerrado en su baúl, cayendo por las escaleras de Graylake al impulso de las patadas, mientras sus más preciados tesoros eran desencuadernados página por página. Fuera del baúl lo esperaba un grandulón para darle una paliza —aunque este grandulón medía doce pisos de altura y blandía árboles arrancados de raíz—.

Habrá sido este recuerdo o la asfixiante falta de aire, el hecho es que Nathan se deshizo de su cobija. De inmediato se vio bañado por el agua de mar y obligado a encarar al cielo —más bien a aquella magulladura violeta y amarilla que ocupaba el lugar donde antes pendía el cielo—. A su alrededor, la casa se desintegraba. A medida que los muros se liberaban parte por parte de sus ataduras de bejuco, la choza dejaba de ser un refugio para convertirse en una amenaza inminente de daño físico. Tamo yacía acurrucado al pie de la pared del lado oeste, resguardándose bajo su cobija. Por eso no pudo darse cuenta —a diferencia de Nathan— cuando el horcón podrido de la esquina noreste se tronchó por la base, a causa de tanto bamboleo, y toda aquella pared empezó a culebrear desenfrenadamente. Los cuernos del cebú, que allí tenían su adoratorio, salieron despedidos girando a ras del suelo, letales como un arado que se hubiese desenganchado del tiro. Golpearon contra el quicio de madera de la puerta y rebotaron hacia arriba, donde el viento se apoderó de ellos y los hizo girar antes de ir a traspasar con una de sus agudas puntas la cobija de Tamo, junto con lo que había debajo.

Nathan se quedó mirando aquella escena. El aire lo empujaba y lo testereaba en saltitos vacilantes, pero ni siquiera se enteró. Porque el colosal pico retorcido de cuerno pulido había perforado exactamente el contorno de la cabeza de Tamo. Oyó gritar a Tamo, aun más fuerte que el atronar del aire. Ahora ya no escuchaba ruido alguno.

Magda soltó su cobija e inmediatamente le fue arrebatada; la vio revolotear contra el cielo como una mantarraya gigantesca. También vio cómo su hermano se ponía de pie y era obligado a dar vueltas como trompo.

—¡Échate al suelo! —le gritó—. ¡Nat, échate al suelo!

—¡Tamo! —fue lo único que respondió su hermano—. ¡Está muerto! ¡Está muerto! ¡Está muerto!

Aunque intentaba señalarlo, el viento lo forzaba a bajar los brazos. Magda cruzó a rastras lo que alguna vez fuera la habitación y, tomando del cinturón a Nathan, se le colgó con todo su peso hasta que consiguió derribarlo encima de ella.

—¡Está muerto! ¡Está muerto! —repetía Nathan mientras caía.

Sin presentar flanco al viento, los hermanos consiguieron abrirse camino bajo el vendaval hasta llegar junto a Tamo. Estaban tan cerca uno del otro que podían oírse.

—¡No hice nada para impedirlo! ¡Me quedé mirando! —repetía sin cesar Nathan—. Me di cuenta de cómo se movían y me quedé mirando. ¡No moví un dedo! ¡Dejé que lo ensartaran!

—¿Y qué podrías haber hecho? —lo atajó Magda—. Muchacho tonto. Aguántate. Sé valiente.

Pero ella misma cerró los ojos mientras retiraba la cobija para descubrir la cara de Tamo.

—¿Lo ves? ¡Está muerto! ¡Y yo mirando sin hacer nada!

El hijo del pirata tenía un color azul asaz vivo. En efecto, parecía estar muerto. Pero, ¿y la sangre? ¿Dónde estaba la tajada que lo había dejado de este color cadavérico? El cuerno del cebú, aun cuando a primera vista había acertado en pleno cuello, en realidad lo había pasado rozando, aunque alguna de sus elaboradas volutas le había propinado un golpazo en la frente; ya se apreciaba un chipote.

—¡Nat, ayúdame!

—¡Es que yo me hice a un lado! —confesaba Nathan, idiotizado por la culpa.

—¡Está apretándole la tráquea, Nat! ¡El cuerno le presiona la tráquea! ¡No puede respirar!

Magda cometió el error de erguirse demasiado al ponerse de rodillas y el viento la cogió por los cabellos y la tumbó al suelo. Cuando volvió a incorporarse, Nathan estaba trabado en una lucha con el absurdo pedazo de cuerno retorcido, como Jacob luchando con el ángel. Trataba de desclavarlo del piso; de separarlo de la garganta de Tamo. La cobija sujeta por el cuerno revoloteaba en trono suyo y el ciclón lo apedreaba con polvo y lluvia.

Cuando consiguió zafarlo, Nathan tomó el par de cuernos con ambas manos, lo alzó por encima de su cabeza y lo arrojó lejos de sí. Agarró a Tamo por la pechera de la camisa y, en su ansia por revivirlo, casi lo puso de pie. El aire golpeó de lleno el rostro de Tamo, se abrió paso (junto con un puñado de virutas) a través de su nariz y su boca y lo obligó a toser. Luego el vendaval aullante volvió a hacer perder pie a ambos muchachos.

En ese preciso instante, una partida de jóvenes —una fuerza expedicionaria destacada de la aldea— llegó reptando por la ladera. Desde su refugio en la choza de los ancianos habían visto cómo la cabaña de la loma levantaba el vuelo en piezas sueltas y decidieron acercarse para ver si quedaba alguien con vida. Llegaron encadenados por la camaradería, abrazándose por los hombros y arrostrando el aironazo con el cuerpo inclinado.

La hilera se separó para acoger, primero, a Magda, luego a Nathan y a Tamo, y volvieron colina abajo arrastrándose, cargándose y apoyándose entre todos. Abrazada de dos pescadores,

Magda iba en vilo y, a pesar de sus esfuerzos en contrario, sus pies se columpiaban de un lado a otro como el badajo de una campana. Un pollo arrastrado por el viento golpeó en el pecho al muchacho que iba junto a ella y éste rompió a reír a carcajadas, escupiendo las plumas. A ella también le ganó la risa y sentía como si se la arrebataran del rostro, de la boca misma, como si los espíritus estuviesen hambrientos de risa…

Al entrar en casa de los ancianos (donde para entonces se hallaba reunida casi toda la aldea), una construcción amplia, oscura y mucho más sólida, el repentino cese de la presión del viento le dejó un zumbido en los oídos. Por primera vez, Magda pudo comprobar que Tamo se había recuperado. Éste narró, en beneficio de la concurrencia, cómo algo, "algo muy pesado", le había caído encima, dejándolo casi inconsciente, y cómo estuvo apunto de atravesar su garganta. ¡Así!, a punto de asfixiarlo. Y Nathan se lo había quitado de encima, había salvado su vida. "¡No! No lo niegues."

Nathan se veía algo amoscado, avergonzado de ser el centro de la atención, pero al mismo tiempo satisfecho. Se puso rojísimo cuando las chicas de la aldea comenzaron a darle besos y a acariciar su cabello, haciéndolo sentirse importante. Junto con estas chicas entusiastas y las más estoicas matronas de la aldea, Magda también le dio un beso a su hermano, felicitándolo por haber salvado la vida de Tamo. Pero antes de separarse le susurró al oído:

—No vayas a decir qué fue lo que lo ensartó.

En los ojos irritados de su hermano, Magda notó cómo acusaba lo que ella acababa de decirle: enseguida empezó a parpadear. Para él, mentir era algo sumamente difícil.

—¿Qué era, Gull? ¿Qué fue lo que me golpeó? ¿Qué fue lo que me quitaste de encima?

Tamo estaba exaltado. El solo hecho de estar vivo compensaba todo lo que había perdido en la tormenta.

Nathan dio un resoplido.

—Una rama. Una ramota común y corriente —repuso.

Porque él, al igual que Magda, supo que a Tamo no le caería nada bien enterarse de la verdad; pensar que sus ancestros habían ido por él, desde su rincón exclusivo, malignos y homicidas, directo a la garganta. Y exactamente así lo hubiese interpretado Tamo de haberlo sabido. A fin de cuentas, quien lo hubiese presenciado habría llegado a la misma conclusión.

Resultaba difícil de creer, luego de sobrevivirlo, pero la mayor fuerza del ciclón no se abatió directamente sobre Zaotralana. De lo contrario, al día siguiente la evidencia de su paso hubiese sido algo más que una canoa de pesca perdida y unas cuantas docenas de techos urgidos de reparación. El ojo del huracán había tocado tierra más al Norte. Allí, la selva debió ser arrasada como si fuese un trigal —extensos surcos de devastación hendieron la selva virgen, aldeas enteras desaparecieron de la noche a la mañana—. A medida que el ciclón perdía fuerza y se convertía en tormenta, la tormenta en aguacero, el aguacero en un sol esplendoroso, Zaotralana resurgió de su ordalía con apenas algunas heridas leves. La selva fue escardada de toda su madera muerta. Las avispas seguían reuniéndose por millares en sus congregaciones esmeralda con forma de urna. El polen aún se adhería a los estambres de las azucenas-tigre.

Pero el color del mar era rojo sangre. Los ríos, como venas cortadas, derramaban su sedimento colorado en la bahía, tiñendo de un sangriento carmesí aquel lugar del mar donde sus aguas se pierden.

—Eso pasa siempre después de una tormenta fuerte —dijo Tamo, ansioso por iniciar los trabajos de reconstrucción.

—¿Pero no te impresiona? —le preguntó Magda, que miraba el mar desde la cresta del acantilado—. Se ve tan… ominoso.

—Como si la tierra sangrara —completó Nathan.

Pero Tamo era incapaz de ver aquello. Él se había criado en esta tierra de ríos rojo-sangre, no en la campiña inglesa donde los arroyos llenos de truchas desembocan en estuarios de morosa placidez.

—Se va a poner buena la pesca mientras dure la revoltura del lecho marino —fue todo lo que Tamo comentó—. ¿Quieren ir a pescar? —preguntó, mientras volvía la espalda al mar.

Magda lo detuvo en seco, clavándole los dedos en los brazos. Bajando del norte, siete canoas balleneras acababan de asomarse tras la lengua de tierra que se adentraba en el mar. Cada embarcación estaba atestada de hombres y amarrada a la proa del dilapidado casco velero que traían a remolque. Aunque había perdido todo su velamen de seda y cada uno de sus tres mástiles guardaba una inclinación diferente, como si estuvieran borrachos, aunque el ciclón había lijado sus costados embreados hasta dejarlos descoloridos, Nathan lo reconoció enseguida: lo había visto anclado en la rada de Tamatave.

Los piratas de Tamatave franquearon la barra y se adentraron en la bahía sangrienta. El rey Sansón se mudaba. El ciclón había arrasado su reino, hundido sus barcos inutilizando el puerto y mermado su tripulación en una docena. A sus hombres no los entusiasmaban las tareas de reconstrucción y habían preferido partir en busca de algún lugar menos maltratado por el ciclón que Tamatave. Así pues, al igual que Tamo y Nathan, amanecieron en Zaotralana luego de pasar la noche remando, ahora llegaban el rey Sansón, su reina y su corte de piratas, en pos de un nuevo reino.

—El cañón —dijo Tamo, y los tres echaron a correr.

El sendero que bajaba al mar apenas se distinguía. De los árboles colgaban despojos como parvadas de pájaros muertos y la arena suelta había remozado la pared del acantilado. Tuvieron que saltar de árbol en árbol, escurrirse entre raíces recién dejadas al descubierto y hallar nuevos pasadizos entre el laberinto del manglar antes de llegar a la saliente de piedra donde habían montado el primer cañón.

No sólo el cañón había desaparecido: también la saliente de piedra. Siguieron adelante a trompicones, en busca del otro cañón.

—No pensarás matarlos a todos, ¿verdad? —preguntó acezante Magda—. ¡Vienen también las mujeres con ellos! ¡Desde aquí las veo!

Tamo bufó de sólo pensar en que podría atinarle a un bote de remos con un cañón no calibrado. Lo prefirió a reconocer abiertamente que jamás en su vida había disparado un cañón.

—Si conseguimos dispararles, aunque sea una sola vez, pensarán que otra tripulación se les adelantó en colonizar este sitio y seguirán de largo —explicó.

—¡Claro! Seguirán de largo —subrayó Nathan, que trataba de contener su miedo oprimiéndose el pecho con la mano.

—¡Sigue ahí! —exclamó Magda cuando avistó el cañón.

Cubierto por enredaderas desprendidas de los árboles, el segundo cañón permanecía inamovible donde fuera instalado a costa de tantos esfuerzos. Las balas no terminaron en la playa; aunque la pirámide en que las habían dispuesto se había derrumbado, rodaron sólo unos cuantos metros.

—¿Cómo lo vamos a encender? ¿Cómo vamos a disparar si se nos olvidó traer fuego? —clamaba Nathan, apoyándose ora en un pie, ora en el otro, presa de la agitación.

—¡Calma! Puedo usar la chispa de mi cazoleta —dijo Tamo.

Para sorpresa de todos, Tamo sacó su pistola de debajo de la chaqueta. ¿Desde cuándo llevaba al cinto una pistola cargada? ¡Pero, claro! ¿Dónde si no iba a guardarla luego del ciclón? Les mostró cómo pretendía usar la chispa de la cazoleta de su pistola para encender la pólvora del oído del cañón. Habían dejado el cañón mechado y cargado, pero de cualquier manera Tamo vació el resto de su pólvora encima de la carga húmeda del oído, para asegurarse de que prendiera.

—Déjenme ver si no se le ocurrió a algún pájaro anidar… —dijo Nathan al descuido, para sí mismo, y se acercó a la boca del cañón.

—¡Cuidado! ¡Te vas a caer! —lo regañó Magda.

—¡Ven acá! ¡Déjalo! ¡Estás en mira! ¡Voy a disparar!

—¡No!

Tamo apretó los puños en un gesto de frustración y trató con un ademán de que Nathan se quitara de la línea de fuego. Éste sólo dejó caer los hombros, hundió el pecho y en un acto reflejo se buscó los puños de la camisa.

—¡Detente o volaremos todos! ¡Está obstruido! —berreó.

El interior del cañón estaba más que obstruido; estaba relleno, desde el asiento hasta la boca, de arena mojada retacada por el ciclón. Como una botella taponada con un corcho, tenía la boca sellada, incapaz de proferir el más mínimo ruido de protesta ante la estruendosa llegada del rey Sansón que se escenificaba allá abajo. En ese preciso instante, él y sus piratas saltaban sobre la borda de las embarcaciones para vadear la rompiente sanguinolenta hasta llegar a la playa.

Su excelencia Exquemelin

—Escúchenme —dijo Tamo—. Antes de que lleguen. Soy el hijo de Thomas White y llegamos aquí para iniciar una vida de merodeo.

Volvieron sobre sus pasos, siguiendo la pared del acantilado; abajo se escuchaba el canto estentóreo de los hombres que jalaban de los pesados botes de remo hasta dejarlos en la playa, lejos de la rompiente.

—¿Qué quiso decir? —le preguntó Magda a su hermano.

—Que debemos fingir que somos piratas —repuso Nathan. Parecía mucho menos aterrorizado de lo que habría cabido esperar.

El casco del bajel del rey Sansón podía verse tristemente desplomado en la bahía, anclado en aguas de profundidad suficiente para estar a flote, pero lo bastante someras para que sus mástiles sobresalieran en caso de irse a pique de repente.

—Magda, tú eres mi esposa —dijo Tamo.

—No seas ridículo. Tengo trece años.

—A no ser que prefieras que al rey Sansón se le ocurra tomarte por esposa —agregó Tamo.

—Soy tu esposa —convino Magda.

—Y estamos en espera de que aparezca un barco presto a zarpar en pos de correrías. Estos tipos descubren un ser débil y lo aplastan. Se enfrentan con alguien fuerte y se hacen a un lado. ¿Entendieron?

—No van a creemos —adujo Magda.

—Tienen que. Si nos toman por gente decente o piensan que los denunciaríamos a cambio de una recompensa, nos matan sin reparos.

Tamo se volvió a mirar a Nathan.

—Y olvídate de tus principios y de tus sermones de Graylake.

Nathan extendió los brazos en señal de inocencia.

—¿Por qué no mejor nos escondemos hasta que se hayan marchado? —sugirió Magda en un susurro, renuente a recorrer los últimos metros, como si fuera a toparse enseguida con un pirata.

—Porque no van a irse. Vinieron a instalarse aquí. A apoderarse de Zaotralana.

—Nosotros también —repuso tímidamente su esposa.

—¡No! —Tamo le tendió la mano, impaciente por su rezago—. No, no y no. Nosotros vivimos aquí. Estos tipos se apoderan de los lugares como si se tratara de barcos de carga o de tripulaciones. Se creen que un lugar como éste puede ser suyo.

Magda pensó en Noro y en sus padres y sus tías, en la tarea que habían emprendido para erigir su nueva cabaña y en los demás que les ayudaron. No quería ver sus vidas arrolladas por estos criminales desalmados. Merecían que los ayudara. A ojos vistas, su hermano había descubierto una reserva insospechada de valor, porque podía verlo erguido, con un pie sobre terreno más alto y una mano descansando en la cadera. Tenía un aire harto galante, pensó Magda, sintiendo una punzada de orgullo familiar.

El rey Sansón no era galante, precisamente. Era de baja estatura y calvo, con una peluca que anudaba en torno a su cuello por las coletas, y se la pasaba rascándose un sarpullido; del cuello le colgaba una gran cruz enjoyada, junto con un colmillo tallado de algún animal, una daga oriental enfundada en terciopelo y un cucharón de hojalata. Las punteras de sus botas se habían descosido de las suelas y las cañas, abolsadas alrededor de sus tobillos, guardaban tantos restos de comida que estaban infestadas de cucarachas y tijerillas. Padecía de bocio y su cuello semejaba el de un sapo. De sus dientes quedaba sólo el recuerdo; se los había donado a un dentista de Accra para desembarazarse del dolor de muelas.

Sus cortesanos eran, en su mayoría, destripadores de pescado de Terranova, que habían preferido esta vida a pasar sus días laborando en muelles helados durante el invierno polar. Habían desperdiciado su juventud alimentándose de cabezas de pescado y cercenándose los dedos por error, y con el tiempo habíanse vuelto hombrezuelos canijos, grises, de ojos como rendijas, como si fuesen tiburones lisiados. Uno de ellos tenía una "P" marcada a fuego en la frente, señal de que había sido capturado y convicto por piratería.

Tras dejar a su reina, al contramaestre, sus posesiones y una fuerza de retaguardia en la playa, el rey Sansón trepó hasta Zaotralana y, al hallar el lugar extrañamente en calma, supuso

que habría asustado a sus habitantes. Pero había un muchacho solitario, con pinta de europeo, de pie ante el umbral de la gran cabaña que ocupaba el centro de la aldea.

—Usted es el rey Sansón —lo oyó informarle—. El viento lo trajo hasta acá desde Tamatave. Bienvenido al reducto del capitán Thomas White.

El rey Sansón se quedó patidifuso. Tras los párpados caídos sus ojos se movían nerviosos. Sus índices jugaban con el gatillo de las pistolas que llevaba en cada mano. De repente bufó, por lo que su nariz chata, porcina, salpicó a Tamo.

—¿El reducto de Thomas White? Y tú debes ser su fantasma, ¿no? Así que tú eres Thomas White. Pues habrás encontrado la fuente de la juventud. Conque Thomas White, ¿eh? Thomas White murió antes de que tú nacieras, gusano. ¡Yo escupí su tumba! Por los mil demonios… Si hasta me quedé con su…

—Está usted en un error, señor —dijo el muchacho, con el acento refinado de un pupilo inglés—. Yo no soy sino el contramaestre del capitán White. Y no me refiero al capitán Thomas White, de Tamatave, sino a su ínclito hijo, el caballero Thomas White, hasta hace poco avecindado en Suffolk, ahora en Zaotralana.

Sansón se introdujo en la cabaña. La oscuridad repentina lo cegó, tras el resplandor del sol afuera. Un joven de camisa blanca, pantalón cortado a la medida, con pistola y bandolera (aparentemente de encaje) lo encaraba; de cabello largo, peinado hacia atrás y cogido en la nuca, una gargantilla de encaje dejaba ver su espuma bajo la barbilla del muchacho. Era el único de pie, mientras la habitación entera brillaba con la mirada de la gente que se hallaba sentada en el piso. No tenían los ojos puestos en Sansón sino en el joven, a todas luces un personaje que imponía su autoridad o les infundía miedo.

—Mi padre me mandó a Inglaterra —explicó el joven con corrección idéntica a la del pupilo que aguardaba fuera—. Pero estoy de vuelta. Para continuar con su vocación. Para reanudar, por decirlo así, el negocio familiar. ¿Puedo ofrecerle, señor, algo de beber para reponerse de su arduo viaje? Compartimos una profesión. ¿Le parece que compartamos asimismo unos tragos de ron?

El rey Sansón resopló de nueva cuenta y se limpió la nariz en la manga de la camisa. Se apresuró, con las puntas de las botas golpeteando contra el suelo, apuntando su pistola al estómago de Tamo. Cuando los cañones se hundieron en la bandolera de Tamo, Sansón bajó la mirada: había olvidado que las llevaba en ristre. Rápidamente se las encajó al cinto. Enseguida estrechó las manos de Tamo entre sus zarpas sarnosas y resecas y las zarandeó arriba y abajo.

—Es un honor conocerlo, caballero. ¡Un verdadero honor! Así que usted es el hijo de Thomas White. ¡Voto al…! ¡Maldición…! ¡El hijo de Thomas White! Y pensar que yo me casé con su…

Luego, con una rapidez que al mismo Tamo tomó por sorpresa, Sansón se dejó caer de sentón en el piso. La rigidez de sus pantalones excluyó la posibilidad de un descenso gradual. Ahora bien: Nathaniel Gull sabía todo de los piratas. En el colegio nadie le preguntó jamás acerca de algo que supiera. Le preguntaban cosas que tendría que haber sabido pero ignoraba. Le habían hecho preguntas y el había intentado adivinar a lo loco las respuestas. Pero nunca nadie le preguntó sobre piratas, y de piratas sí sabía. El excelente Exquemelin lo había puesto al tanto, con lujo de detalle, de todos y cada uno de los pormenores de su pintoresca vida. Tras años de leer *Piratas de la América* cada noche, Nathan estaba seguro de saber hasta el color del forro de sus chaquetas; la conformación exacta de su alma.

Sabía, por ejemplo, qué comían. Así que eso fue lo que pidió a Magda que consiguiera.

—¿Estás seguro? —le había preguntado ella.

Lo estaba. Absolutamente.

—¿Dice que perdió su barco durante el ciclón? —preguntó el rey Sansón aflojándose el pantalón para hacer lugar a la comida.

—Así es. Un buque de tres palos de la Compañía de Indias, armado con cuatro falconetes —repuso Tamo—. Aquí mismo, en la bahía. Y no había cumplido un mes con él. Un descalabro para mis planes.

Nathan añadió de su cosecha.

—Claro, primero nos apoderamos del barco que nos conducía hasta acá desde Inglaterra, pero no era ágil para maniobrar, así que fuimos tras el de la Compañía y preferimos quedarnos con él. Del mejor cedro. Más hermoso que una mujer.

—Qué desgracia. Qué desgracia —comentó Sansón, hondamente consternado—. Pues pueden sumarse a nosotros, si les atrae la idea. Si aguantan la peste de los destripadores de pescado. Vamos a partes iguales en todos los botines, salvo que la parte del capitán es mejor que la de todos, naturalmente.

—Es un ofrecimiento gentil, digno de un caballero, señor —repuso Tamo con cortesía—; pero mucho me temo que me he encariñado con el poder del mando. Además, como me horroriza tener mojados los pies, quisiera un navío marinero. Le ruego no me lo tome a mal, señor, pero su bajel da la impresión de haber conocido mejores días. Tendrá que hacerle algunas reparaciones. Lo ayudaremos.

Mientras preparaba la comida, Magda veía a Tamo White con nuevos ojos. Se conducía con desenvoltura, sabía persuadir; tenía clase. Con las prendas que ella había tejido rodeándole la cintura y adornándole la barbilla tenía un aire francamente encantador. Una emoción intensa, casi dolorosa, se le agolpó en la garganta. Su hermano, por otra parte, estaba irreconocible.

—¿Y cuánto hace que se dedica usted al negocio, señor? —preguntó Nathan.

—¿Al qué? —repuso el rey Sansón.

—Al negocio. A correr los mares. ¿Desde cuándo es usted corsario? ¿Tiene usted patente de corso?

—Sucedió así —contó el rey Sansón, viéndose en un predicamento—. Era yo destazador en un ballenero. Un día el capitán me pegó. Yo le devolví el golpe. Murió. Me hice pir… corsario. (Le había gustado la palabra casi tanto como a Nathan y decidió que en lo sucesivo sería un corsario, ya no un pirata.)

La "mujer" de Thomas White depositó una ración de comida delante del rey Sansón, servida en un pedazo de olla de barro. Tenía el aspecto de algo para calafatear un casco que hiciera agua, excepto porque despedía un vaporcillo. A nadie más se le ofreció de aquello; al parecer, era una exquisitez local preparada en su honor. Cuando la acercó a su nariz percibió un olor… indescriptible. Con la cuchara aún colgada al cuello, se llevó aquella jalea a la boca y tragó.

—¡El plato favorito de los bucaneros! —dijo orgullosamente Nathan—. ¡La médula tibia de una bestia recién abatida! (Aunque no aclaró que la bestia en cuestión tuvo que ser una cabra.)

Callada y seria, Magda movía la carne de la cabra en el gran caldero comunal de la casa grande. Olía delicioso.

—Deme un poco de eso —dijo Sansón, metiendo la cabeza entre el suculento vapor—. ¡Rápido! ¡Rápido! ¿Me comprende? ¡Deme un poco de eso para quitarme el sabor!

—Falta una hora cuando menos para que esté en su punto —repuso Magda en su correcto inglés de parroquia.

Pero Sansón se despachó un poco del guiso de cualquier manera, para quitarse el gusto a tuétano. Al descubrir de pronto el olor de Magda, le pasó un brazo por detrás de las corvas y hundió su rostro en el regazo de la muchacha, llenándose los pulmones con su fragancia.

—¡Una muchacha blanca! ¿De dónde la sacaron? ¡Ah, qué olor! ¡Qué olor!

Magda se quedó tiesa. Se percató de que los pescaderos de Terranova, aún de pie cerca de la puerta, la miraban sin expresión en el rostro, máscaras inexpresivas modeladas por el clima y las privaciones.

—¿Se refiere usted a mi esposa? —preguntó Tamo—. Me la traje de Inglaterra. Por desgracia, contrajo la lepra durante la travesía, pero su conversación sigue siendo agradable, igual que su cocina.

Magda sintió que sus piernas quedaban libres de pronto y se alejó en silencio, como un espectro, en busca de las bebidas.

—¡Yo también tengo una esposa! —declaró el rey Sansón, y echó a reír hasta que se atragantó—. ¡La reina Dalila! Es buena cristiana. Reza sus oraciones todos los días.

De pronto pareció caer en la cuenta de que no estaba con él. La memoria del rey Sansón no andaba muy bien.

—¡Por vida de…! Maldita sea. ¡La había olvidado! ¡La dejé en la playa con el equipaje! ¡Vayan por ella! ¡Démosle una sorpresa al capitán!

Hizo un ademán con las manos hacia los nativos de Terranova y cuatro de ellos desaparecieron en busca de la reina Dalila y su parafernalia.

—¿Y cómo piensan hacerse de otro barco? —preguntó el rey.

Tamo miró fijamente al pirata con sus ojos oscuros. Una mirada tranquila, franca, que le hizo saber que se hallaba en compañía del hijo y heredero del capitán White.

—Ya habrá medios y manera, señor. Ya habrá medios y manera. Somos jóvenes y aquí la vida es dulce. No hay por qué apresurarse.

Era absurdo. Tres muchachos sin hogar, ni hablar de un barco, y sin embargo el rey Sansón asintió complacido. ¿Por qué no iba a haber niños piratas?, pensaba. Había mujeres piratas.

—Y éstos son su tripulación, ¿verdad? —preguntó señalando con un gesto a los aldeanos de Zaotralana que pacientemente colaboraban con el engaño—. Para mí, nada como los pescaderos. No se puede confiar en estos salvajes… ¿Y cuáles son las reglas de su barco?

Por primera vez, Tamo parpadeó y se puso a examinar las vigas del techo. No tenía ni idea de lo que le preguntaba Sansón.

Pero Nathan, con la mano apenas temblorosa mientras servía un brebaje en dos guajes, repuso con presteza:

—Nada fuera de lo normal: cada quien tiene derecho a beber cuanto quiera. Prohibidas las mujeres a bordo. Prohibido fumar en el sollado. Cien libras para quien pierde una pierna.

Cien por un brazo. Cincuenta para la viuda del hombre muerto en combate.

El rey se rascaba furiosamente los brazos y la cabeza. Se volvió a mirar con desconfianza a sus secuaces y soltó una risilla nerviosa.

—¿Y cuál es el objeto de decirlo delante de ellos? ¿No estarán tratando de convencerlos de que me dejen? —y se dedicó a rascarse la espalda contra uno de los postes de la cabaña—. ¿Y ofrecen esos beneficios a esta horda de salvajes?

El pirata se percató de que hablaba con un chico mitad malgache y bajó la mirada a su bebida, turbado.

—Brindemos, señor —propuso Nathan—. Hagamos un voto de amistad en el nombre del mar. ¿Qué le parece, capitán?

—Paz en la Tierra a los hombres de buena voluntad —repuso el rey Sansón, pues era el único brindis que recordaba. Alguna vez lo oyó en Inglaterra, por navidades.

Tamo se volvió hacia su "contramaestre", esperando alguna sugerencia.

—Como diría Barbanegra: "¡Hagamos nuestro propio infierno!" —declaró Nathan.

El rey Sansón sonrió complacido y se echó su bebida al gollete, aplacando su deseo. Pensó que sería cerveza o aguardiente; con suerte quizás hasta vino. Dentro del guaje no podía siquiera darse cuenta de su color. Pero se lo tomó de un trago.

—¿Qué era? —preguntó Magda más tarde, mientras escuchaban al rey Sansón volver el estómago violentamente detrás de la cabaña.

—Yo no sé —dijo Tamo—. Ni lo probé.

—Nathan… —dijo Magda ceñuda.

—Es lo tradicional —repuso su hermano a la defensiva—. Lo indicado para jurarse amistad. Los piratas lo toman para sellar pactos: un vaso de agua de mar mezclada con pólvora. Dice Exquemelin…

Tamo alzó su calabazo, como si fuera a brindar.

—¡Por el excelente Exquemelin y por todas las insensateces que se le ocurrieron! —propuso.

Los hermanos lo secundaron:

—¡Por el excelente Exquemelin!

Tamo vació su guaje en el piso, antes que beber el líquido grisáceo que contenía. Fue más una libación que un brindis.

Gracias al tuétano, al salitre y a la cabra cruda, el rey Sansón aún no terminaba de vomitar entre el zacate, con los "terranovos" haciendo de público, cuando la reina Dalila hizo su arribo desde la playa.

Era una mujer de unos cuarenta años, musculosa y de complexión robusta; una belleza malgache con algunos kilos de más. Su vestimenta de seda bordada se había ensuciado durante la travesía y su rostro estaba manchado por el sol. Su sombrero era un tricornio de hombre, adornado con largas plumas ya muy vencidas que se pegaban a su vestido. Pero lo más notable del conjunto era la cantidad de joyas que ostentaba. Tantas que parecía recién salida de un aguacero, brillante de gotas de agua. Llevaba joyas en los lóbulos de las orejas, en las manos, cosidas a la ropa y entretejidas en el cabello. Los rayos de sol que se refractaban a través de su pedrería proyectaban minúsculos arcoíris dentro de la cabaña.

Cuando Tamo advirtió su silueta recortada en el umbral, se levantó y fue a darle la bienvenida. Extrañamente, sin embargo, se quedaron mirando uno a la otra, de malgache a malgache, sin decir palabra, hasta que Tamo pasó junto a ella y se alejó caminando. Nathan y Magda se quedaron solos con ella.

Sin traductor que los ayudara, permanecieron de pie forzando una sonrisa. Magda no creyó que su escaso vocabulario pudiera servirle para dirigirle la palabra a una reina pirata. Comoquiera, la mujer seguía a Tamo con la mirada, mordiéndose los labios y abriendo y cerrando las manos enjoyadas.

Acompañando a la reina Dalila venía el contramaestre, un hombre enjuto, de cabellos como cerdas y con una cicatriz junto a la boca. Miró en torno suyo con ojos inquietos y desconfiados. Llevaba en las manos sendas pistolas. Cuando encontró a su capitán detrás de la cabaña, preso aún de las arcadas, amartilló las dos pistolas y apuntó una de ellas a la cabeza de Nathan.

—¿Lo envenenaste? ¿Va a morir?

Magda se limpió el sudor del rostro, se adelantó con los tímidos pasitos de la hija de un vicario e hizo una educada caravana.

—Con su permiso, señor —tomó en sus manos las pistolas del contramaestre y no las soltó hasta que estuvieron apuntando hacia el suelo—. El caballero comió un poco de carne cruda de cabra y no le sentó bien —explicó.

El contramaestre hizo una mueca de disgusto, pero esta vez destinada al rey Sansón.

Con la partida de Tamo, los aldeanos salieron de la cabaña y se dirigieron a sus casas. Miraban con desazón a los piratas, sabedores de que sus vidas se verían alteradas radicalmente por los recién llegados. Varios preguntaron a Magda dónde había ido Tamo, pero ella no pudo sino encogerse de hombros y afanarse en servir puchero de cabra a los nativos de Terranova y a la reina.

Tamo volvió al ponerse el sol, con un aspecto como si hubiera bebido varios vasos de agua de mar con pólvora.

—¿Qué pasó? ¿Dónde te metiste? ¡Te estuvimos buscando! ¿Qué te pasa? —lo acosó Nathan.

—Fue a visitar a sus ancestros —dijo Magda con malicia impropia de ella—. Así se pone.

Tamo esbozó una sonrisa torcida y tristona.

—Sí, en cierto sentido estuve con ellos —dijo con la voz al borde del llanto—. ¿Dónde está la reina? ¿Dónde está su majestad Dalila? ¿Dónde pasará la noche mi madre?

La querida del pirata

Nathan debió haber sabido, por sus lecturas de Exquemelin, que el contramaestre era el verdadero amo del minúsculo reino de Sansón. Las tripulaciones piratas son democráticas: eligen a su capitán. Eligen al hombre que se deja moldear, al que pueden amaestrar y domar; aquel que no se atrevería a retener la parte que por derecho le toca a cada quien, que en nada se parece a los tiránicos capitanes que son, para comenzar, los que orillan a los hombres a engrosar las filas de la piratería. El contramaestre es distinto. Gobierna por la fuerza bruta. Nadie osa poner su rango en entredicho o desobedecer sus órdenes. Tiene que ser listo y ocurrente para sobrevivir al odio que infunde. Para mandar, el capitán le pide permiso.

Al contramaestre del rey Sansón lo llamaban por su rango. Abandonado luego de amotinarse en un barco de la marina inglesa, el rey Sansón lo recogió y en un dos por tres había asumido, sin que nadie se lo pidiera, las funciones de contramaestre. Se diría que su nombre hubiera quedado olvidado en la isla. Aunque a primera vista parecía que Sansón mandaba entre sus súbditos, pronto salió a la luz que Contramaestre era el verdadero déspota.

Fue él quien distribuyó a la tropa por toda la aldea, alojando cuando menos a un "terranovo" en cada choza, para cortar de tajo la posibilidad de que la animadversión de los aldeanos creciera hasta una insurrección. Tomó la cabaña comunal para el rey, la reina, él mismo y para almacenar la pólvora. Fijó contribuciones diarias de pescado para dar de comer a la población de Zaotralana, amenazando de muerte a los pescadores si volvían antes de completar su cuota. Y para asegurarse de que en efecto volverían, tomó como rehenes a sus hijos, a sus madres y a sus esposas.

El rey Sansón ordenó la construcción de un palanquín —un trono armado con postes— para ser transportado en andas por cuatro hombres y que sus pies jamás tocaran el suelo.

Mientras tanto, Contramaestre ordenó cortar lajas de piedra para fortificar la aldea previendo un posible ataque.

El rey Sansón descubrió en la choza una tina para el baño

ceremonial de los ancianos y ordenó que diariamente se llenara con cerveza, como un tributo a su jerarquía real.

Mientras tanto, Contramaestre dispuso que se quemara la selva para dejar un claro de noventa metros en previsión de un ataque sorpresivo del enemigo por la retaguardia. Alrededor de la cabaña esparció púas envenenadas para disuadir a los asesinos nocturnos.

El rey Sansón apareció con una Biblia en la mano y ordenó a todos los aldeanos de Zaotralana que la besaran. Al final dijo:

—Miren: los he convertido a todos.

Contramaestre, mientras tanto, envió una cuadrilla de carpinteros al barco del rey Sansón para intentar restaurarlo. No solicitó la ayuda de Tamo.

Contramaestre reunió al pueblo entero y reacomodó a la población, separando a hombres y mujeres en alojamientos distintos.

—Les dices que al primer desacato quemamos a las mujeres y a los niños —dijo a Magda, para que ella lo tradujera.

Por alguna extraña razón, dejó tal cual a los tres chicos europeos, incómodamente acampados en la semiconstruida choza de la loma.

El rey Sansón reunió al pueblo para que escuchara a la reina Dalila recitar de memoria el Padre Nuestro y el Salmo Veintitrés. Se trepó en un mortero volcado, el aire arrastraba por su rostro mechones de cabello gris y sus brazos brillaban con las pulseras de oro, y gritó las palabras a todo pulmón, sin puntos ni pausas. Los aldeanos se miraron perplejos pero, dando por hecho que asistían a una proeza de oratoria foránea, lo aprobaron con movimientos de cabeza. Aceptaron la calamidad que se abatía sobre ellos de igual modo que los destrozos del ciclón. Ya había sucedido antes, a otros aldeanos, y sucedería de nuevo. Los piratas podían quedarse o marcharse, era cosa del destino. Los malgaches sobrellevaban su infortunio y su miedo con paciencia y dignidad.

Tamo, por su parte, escuchó a su madre recitar la Biblia como quien pone la mano encima de una vela encendida para demostrarse que el dolor es soportable. Su rostro era el retrato del desprecio, cada verso enredado que salía de los labios de la mujer alimentaba y acrecentaba su aborrecimiento.

Mehacerre costaren verdespa stos.
Recreami almame guía…

—A lo mejor no le quedó más remedio —le dijo Magda, consolándolo—. Quizá el rey Sansón la obligó a casarse con él.

Tamo se cubrió la cabeza con un brazo; no le interesaba la explicación. Poco después estalló.

—¡Es la hija de un jefe! ¡Su padre la casó con Thomas White! Cuando se disolvió el vínculo pudo haber vuelto a su aldea. ¡Antes que esto! Míralo. Huélelo. ¿Cómo es posible que se haya casado con otra rata marinera? Es que le gustan. No hay otra razón. Le gusta esa clase de gente. Es una cortesana. No tiene más virtudes que una perra en celo.

Magda estaba horrorizada por el cambio que advertía en Tamo. Necesitaba que le dijera qué iban a hacer ahora; cómo pensaba evitar que su aldea se tornase un reducto pirata. Pero él no tenía cabeza más que para pensar en su madre; se dejaba sepultar por una avalancha de resentimiento y desolación. Era tan intenso su arrebato de odio hacia su madre que apenas reparaba en la existencia de Magda y Nathan.

—La cortesana. La mujerzuela. Entregada a la perdición. Ensuciando el nombre de sus ancestros por un puñado de joyas y baratijas. Malnacida. Perdida.

Mientras recitaba los versos, Dalila paseaba la mirada entre la multitud buscando a su hijo. Pero en cuanto posó los ojos en él, éste se dio media vuelta y se alejó. Ella trató de fijarse por dónde se había marchado y, distraída, olvidó uno de los Diez Mandamientos (el que se refiere al falso testimonio). El rey Sansón le propinó un puñetazo en las costillas y la mandó a llenarle la pipa. La gente se dispersó, murmurando en su lengua cantora.

La choza en obra a donde llegaron los chicos ya de noche no era más que un piso de lodo apisonado y un techo sostenido por cuatro postes esquineros. Pero estaba situada en lo alto y desde ahí se dominaba claramente la aldea. Los hacía sentirse más seguros, como si lo que ocurría en la aldea, allá abajo, no les concerniera del todo.

Esa noche, la reina Dalila llegó en busca de su hijo. Nathan se desperezó para toparse con aquel rostro enorme y bello, alargado como el de una oveja y enmarcado por la lana blanca del pelo de la mujer. Lo vislumbraba desde arriba, pues ella había agachado el cuerpo: su intención era llegar a gatas hasta donde su hijo dormía arrebujado en su mosquitero.

Lo primero que a Nathan le vino a la mente fue algún animal salvaje, luego los piratas y se le escapó un quejido asustado. Tamo despertó de una duermevela y trató de salir de su envoltorio. Éste no lo dejó ir tan fácilmente y con una retahíla de palabrotas el muchacho se deshizo de la cobija y se alejó tropezándose, con la cobija jalándolo de un pie.

—¡*Zanaka*! ¡*Zanaka*!

La reina Dalila, todavía a gatas, tendió una mano a su hijo, rogándole que la escuchara. Por un momento pareció que el chico consentiría, porque se volvió. Entonces escupió la mano tendida de la mujer y, librándose con un puntapié de su cobija, salió corriendo hacia la oscuridad.

La nativa emitió un lamento y asentó en el suelo sus poderosas caderas. Aplastó la cobija de Nathan, con lo que éste se vio imposibilitado para moverse. Cuando Magda se desperezó, se encontró igualmente inmovilizada por la mirada penetrante de la mujer.

—Tú, ¿su esposa? —quiso saber Dalila.

—¿Yo? ¡No! ¿Quién? ¡Sí! Su esposa —corrigió Magda, cayendo en la cuenta, casi demasiado tarde, de que la verdad podría llegar a oídos del rey Sansón.

—¿Tú, esposa de mi hijo? ¿Verdadero? Bueno. Lo traes aquí. Lo haces que hable conmigo.

Dalila cruzó las piernas y recobró la compostura. En la oscuridad sólo se veían sus ojos y, en consecuencia, el resplandor lunar en las lágrimas que mojaban sus mejillas.

—Mi niño —dijo con orgullo—. ¿Él buen muchacho? ¿Sí? No como su padre.

Magda y Nathan negaron con la cabeza. No. No como su padre, confirmaron.

—Caballerito inglés. Listo, sí. Libros. Altivo y orgulloso, ¿sí?

Empleaba las palabras como si le fueran muy familiares. Claramente, al rey Sansón le gustaba hacerse una opinión de sí mismo como si…

—Sí. Altivo y orgulloso —confirmó Magda.

—Un caballero fino y cultivado.

—Era muy bueno en clase de griego —terció Nathan, ansioso de complacer.

—Un fino caballero inglés —dijo la reina, con un enorme suspiro. En sus ojos relumbraba un caudal de tristeza.

Magda se le acercó a gatas.

—No, no. Ni tantito. Completamente malgache. Volvió, ¿no es cierto?

La mujer parecía desinflarse en la penumbra, como una tienda sin postes de sostén.

—Para hacerse pirata —dijo y suspiró una vez más.

Nathan fruncía el ceño a su hermana, prohibiéndole hablar de más. Pero no tenía de qué preocuparse. El corazón de Magda no estaba abierto para esta mujer salpicada de joyas, con la cabeza llena de salmos entrecortados y la bolsa de oro malhabido.

—Es lo que es usted —le respondió—. Usted se quedó con los piratas, pudiéndose haber ido tras la muerte de Thomas White.

Dalila se encogió de hombros.

—Tuve que.

De pronto se enderezó y fulminó a Magda con la mirada.

—Me miras como él me mira. ¿Por qué me miras así, muchacha blanca? Yo, tu mamá.

Magda retrocedió. Trató de imaginarse que esta mujer era su suegra. Hubiera querido decir "Perdón. Sólo tengo trece años". De hecho, nada pudo decir.

—Tú dices a ese muchacho. ¡Tú dices a mi Tamo! —dijo Dalila con voz fuerte y clara—. No confíe en ese puerco Sansón. Menos Contramaestre. Él, peor.

Se incorporó con gran agilidad tratándose de una mujer tan robusta, y se pasó la palma de la mano por las mejillas y la nariz como para borrarse las lágrimas. Al enderezar la espalda, su mata de cabello gris se soltó de un broche engastado en joyas con que se recogía el cabello y cayó como una cascada, como se ve el agua en medio de la oscuridad. Se alejó de la casa, con su humanidad en vaivén sobre sus pies. A punto de tragársela la oscuridad, Magda la interpeló con decisión.

—¿Por qué se casó con él, si es tan asqueroso? —Dalila se detuvo—. Eso es lo que a Tamo le gustaría saber. ¿Por qué se casó con otro pirata, si pudo haber recobrado su libertad?

—Después de su maravilloso padre, quieres decir —dijo la voz amarga saliendo de lo oscuro.

—Cuando se libró de los piratas. Cuando pudo haber sido libre. Él piensa que usted vendió su libertad a cambio de oro y joyas.

—¡Magda! —dijo Nathan escandalizado.

La carcajada de la reina pareció la de un hombre, grave y rasposa. En realidad no fue una carcajada sino el ladrido de un mono cercado por perros de caza.

Tras el funeral de Thomas White, la princesa Andriamahilala, su esposa nativa, alzó la vista de la tumba para encontrarse con los ojos de tres capitanes clavados en ella. De vuelta en su cabaña, descubrió el significado de aquellos semblantes. La casa al fondo de Tamatave, a pesar de su calzada sembrada de púas, llena de celadas y trampas y acantilados rocosos, había sido arrasada. Los muebles franceses, saqueados del barco de un embajador parisino, yacían con sus patas de garra apuntando al cielo, destrozados a golpes de hacha. Tanto el colchón como el cobertor de plumas de ganso de la cama donde expiró Thomas White habían sido apuñalados y vaciados; su cofre marino, consumido por el fuego para dejar al descubierto su contenido de joyas o metales preciosos. Pero el vandalismo no paró ahí. El techo, los muros, el piso y la mitad del jardín fueron destruidos por quienes buscaban el tesoro de Thomas White. Pero al no hallar nada, los piratas recurrieron a la esposa del capitán muerto para que les revelara dónde había sido escondido.

Eran un español, un holandés, un "terranovo" y el rey Sansón, recién llegado a Tamatave esa misma semana. Se ofrecieron a cortarle los dedos uno por uno hasta que les dijera dónde guardaba Thomas White su tesoro. Fue entonces cuando el contramaestre del rey, un hombre grisáceo, con aspecto de rata, que caminaba como cangrejo, susurró algo al oído de Sansón.

Y Sansón propuso matrimonio a la princesa, a cambio del tesoro de su marido muerto.

Se quedó de pie en el muelle, aguardando la respuesta de la princesa, ese barril de sebo y codicia infestado de piojos; un hombre ahíto de fantasías egoístas, que se creía todopoderoso, como Dios, no obstante la astuta mirada de acero del contramaestre que acechaba a sus espaldas. Además, su barco estaba bien armado.

Así que Andriamahilala fue a postrarse de rodillas a los pies de Sansón y ejecutó un baile para él y aceptó su ofrecimiento en el inglés que su esposo le había enseñado.

Obediente, reveló los escondites de Thomas White, le contó de casi todos los tesoros que había acumulado. Los otros tuvieron que contentarse con mirar desde lejos, rumiando su desilusión. Sólo un secreto se guardó la viuda del pirata al reintegrarse a su vida anterior —como se aquieta un conejo que ha caído en un cepo— de querida de un pirata, de animal, de artículo con una categoría intermedia entre la carga y la tripulación.

Su principal consuelo era saber que en alguna otra parte su hijo gozaba la vida libre de un caballero; que su pecho malgache albergaba un corazón honorable, henchido de ternura hacia la madre que lo había criado para convertirlo en alguien tan diferente de su asqueroso padre y de cualquier otro de esos hozadores perros de mar…

Alternando entre el inglés y el malgache como un tiburón

entre dos rutas de navegación, la reina Dalila contó su historia a la muchacha que suponía su nuera.

—Sé que regresó. Lo sé. Sé que mis ojos lo verán otra vez. La vida del pirata no vale. Pero...

Aunque creyera que su hijo había regresado para continuar con el deshonroso oficio paterno, a pesar de los principios honorables que le había inculcado cuando niño, allí estaba, husmeando en el aire el olor del muchacho, acariciando el aire como si encima de donde su hijo durmiera fuese más blando. Era su hijo y lo demás apenas importaba.

—En realidad, él no...

—Magda, ¡calla! —la interrumpió su hermano.

Estaban ante un dilema: ¿cómo hacer para explicar, para disculparse de que Tamo rehuyera a su madre, sin revelar que en modo alguno era un pirata?

—Comprendo —dijo Dalila al advertir la confusión de los hermanos—. Un hombre hace algo malo, son negocios. Una mujer hace algo malo y ella mujer mala.

—No, es que...

—Magda, ¡calla! —le dijo su hermano.

La madre de Tamo los escudriñó con la mirada, a uno y a otro.

—Ustedes son hermano y hermana. El mismo rostro —dijo.

Se acercó expresamente a Magda, habiendo elegido en cuál de los dos se podía confiar.

—Le dices, hija. Le dices a mi muchacho, Tamo: yo recito

esas palabras del Señor Dios, pero no significan nada. No hay magia en esas palabras. No como yo las digo. Le dices: yo no deshonro nuestros muertos. No quiero que piense que deshonro nuestros muertos.

—Pero en realidad Tamo es cris…

—Nat, ¡cállate! —lo interrumpió su hermana.

Dalila pujó por el esfuerzo de saltar la verja rota del jardín.

—También le dices esto: guardé un tesoro para él. Le doy tesoro. Era de White. Ahora es suyo.

—¿En serio? —exclamó Nathan.

—No lo merece… volverse pirata, digo —dijo Magda.

Dalila extendió los brazos.

—Es mi hijo. ¿Qué le voy a hacer?

Se puso en camino sorteando los montones de materiales de construcción que rodeaban la casa a medio levantar.

—Escuche, mamá… —la llamó Magda. Nathan trató de callarla en vano—. Mamá, no soy su esposa. Apenas tengo trece años. No soy nadie. Dijo eso sólo para protegerme de Sansón. No soy nadie.

La mujer sonrió y asintió con la cabeza y no replicó.

—¿Para qué le dijiste eso? ¿Qué falta hacía que se lo dijeras? —la increpó Nathan.

—Ella nos confió un secreto. Nosotros teníamos que corresponderle —repuso Magda convencida—. ¿Qué no te das cuenta? Los secretos son lo que hace la confianza.

Y se veía tan segura de lo dicho que Nathan se lo creyó y se metió entre los pliegues de su cobija. Además, los mosquitos comenzaban a atacar.

Magda se moría de ganas de contarle a Tamo lo ocurrido durante la visita de su madre y cómo ella se había casado con Sansón para salvar su vida y el tesoro de su hijo. Quería ver qué cara pondría al enterarse de que su madre no era la buscona mercenaria por quien equivocadamente la había tomado. Entre los tres harían un plan de rescate: escapar con Andriamahilala a Tamatave para recuperar el tesoro de Thomas White. Cuando fueran ricos, se reirían de la idea de que Tamo fuera un pirata, de que pudiera haber querido serlo. Magda estuvo despierta toda la noche, pero Tamo no volvió.

La posibilidad de confrontar a su madre le resultaba tan desagradable que anduvo vagando largas horas, acompañado sólo por sus cavilaciones. Por la noche, los pensamientos crecen deformes y colosales. No fue sino hasta clarear el alba cuando emprendió el regreso a casa. ¿Su casa? ¿Era su casa aquel puñado de troncos y una pila de hojas de palma? En Inglaterra su apartamento era tres veces más grande. En Inglaterra su poder y su prestigio ante la gente crecían cada vez que abría su monedero. ¿Y qué es lo que había dentro de su monedero? El dinero de su padre. El pirata.

Al llegar al pie de la colina, vio a Magda ponerse de pie de un salto y llamarlo haciéndole señas. Parecía estar extrañamente alegre. Quizá hubiera encontrado algún animal nuevo —nuevo para ella—, insignificante para él. Le diría cuán hermoso era; le preguntaría si no le parecía maravilloso. Y él sería incapaz de encontrarle lo bello: Madagascar hervía en animales. Con todo, Tamo apresuró el paso.

Justo cuando Magda se agachó para pasar bajo la rama colgante del árbol de tambourissa y principiaba a contarle: "Tamo, tengo algo maravilloso que...", apareció a sus espaldas el contramaestre de Sansón. En la mano llevaba el pico de un marlin.

—¿Trabajando tan temprano, señor White? —preguntó, por encima del hombro de Magda, quien se sobresaltó visiblemente. El hombre había salido de la nada.

—No más temprano que usted, por lo que veo —replicó Tamo.

—No puedo conciliar el sueño cuando las preguntas andan sueltas en mi cabeza; es como si la carga del barco se hubiese desatado.

—Y ha pensado usted que seguramente yo tengo una respuesta a su pregunta —afirmó Tamo, con una corrección digna de Graylake.

—Pues en efecto, así es. Sí.

Contramaestre se dio golpecitos con el pico del marlin contra su mandíbula hirsuta. Cabía pensar que hubiese decidido eliminar de Zaotralana a todo rival potencial del rey Sansón. Para colmo, Tamo no llevaba su pistola.

—Si está en mis manos ayudarlo, le ruego no vacile en preguntarme —le dijo al pirata.

—La verdad —dijo Contramaestre enlazando a Magda por la cintura y apoyando el pico del marlin en el hombro desnudo de la chica—… la verdad es que estaba yo imaginando cómo un joven como usted estaría pensando en hacerse de un barco, cuando no hay ninguno que pueda decir que es suyo. "Ya habrá medios y manera", le dijo usted a su majestad. Lo recuerdo bien. "Ya habrá medios y manera." Pero entonces me pregunté de qué manera conseguiría usted los "medios" y por qué medios encontraría usted la "manera". No sé si me doy a entender.

Magda pensó: "Nos ha descubierto. Sabe que no somos piratas y que nunca lo fuimos".

Nathan pensó: "Así que su barco finalmente se hundió, ¿no es eso? Ahora Sansón es tan pirata como nosotros. No tiene barco, ni noción de cómo conseguir otro. Pero ¿qué podía decirle Tamo, que no tenía plan alguno, ni medios ni manera, ni siquiera la intención de capturar un barco? ¿Qué se le ocurriría?"

Tamo dijo:

—Las canoas de guerra por estos lares son grandes; mayores que un bote ballenero; lo bastante para embarcar, digamos, una veintena de hombres bien ocultos. Cuando un barco se aproxima a la costa y se avista desde tierra, la gente de por aquí sale a encontrarlo a remo, para comerciar con la tripulación. Fruta, piezas de tela y cosas así. Son amistosos. Los marineros les tienen confianza. Ésta es la manera de capturar un barco: acercársele fingiendo intenciones de comerciar, a bordo de una canoa.

Contramaestre escudriñó el rostro del muchacho buscando alguna mentira, pero no halló ninguna. Había sospechado que el chico era un náufrago en desgracia, que alardeaba más cuanto más insignificante se sentía. Contramaestre no se había tragado el cuento de los niños piratas. Ahora no estaba tan seguro. Era un plan bien concebido. El chico parecía ser malgache; los aldeanos lo obedecían. Ese plan de la canoa podría funcionar.

—¿Hay una de esas canoas por aquí? —preguntó Contramaestre.

—Hay una, escondida. Cuando ustedes llegaron, los guerreros la ocultaron río arriba, para que no cayera en sus manos.

—¡Tamo! —exclamó Nathan, olvidando que fingía estar dormido.

—¡Tamo! ¡Qué te propones! —le reclamó Magda.

Contramaestre miró a los hermanos y rio resoplando por las narices. El olor de la virtud lo había incomodado desde que llegó y había creído que emanaba de Tamo White. Ahora sabía cuál era su verdadera fuente.

—¿Qué he hecho? —preguntó Tamo a Magda mientras, semejante a una comadreja, el hombrecillo gris se escurría colina abajo en la aún más grisácea luz de la madrugada—. Voy tras los pasos de mi padre. Estoy cumpliendo mi destino. Siempre, mientras estuve en Inglaterra, creí que había salido a mi madre.

Pero lo he pensado mejor. Ahora puedo ver claro: soy igual a mi padre.

Tuvo la noche entera para llegar a esta conclusión. Había pasado todo ese tiempo retorciéndose de asco de sólo pensar en que era hijo de Dalila, hijo de la querida de un pirata. Como una culebra que muda de piel, al final se había liberado.

—Yo soy un pirata. Nací siéndolo… ¿Qué ibas a decirme?

—No tiene caso —repuso Magda—. Ya no tiene importancia.

Y su hermano tampoco dijo nada del tesoro.

¡Al abordaje!

Dalila ocupó la proa, para que la canoa de batanga pareciera inofensiva y acogedora; cantaba, mientras cocinaba un poco de arroz. Su hijo iba sentado en la popa, con una pistola oculta bajo su falda de nativo y una tira de tela rodeándole la cabeza para cubrirlo del sol. Entre ambos, escondidos debajo de un jirón de vela, el rey Sansón y su partida de saqueadores yacían sudando, armados de pistolas y cuchillos, un trabuco cargado y machetes tan enrojecidos por el óxido que parecían estar ya tintos en sangre.

Entre los piratas iba Nathan, porque el "capitán White" no podía consentir que su lugarteniente se quedara en tierra. Además, a Sansón le disgustaba que alguien estuviese caviloso fuera del alcance de su vista. Si él sabía dónde se hallaban, se decía, sabía en qué estaban pensando.

Sudando bajo la loneta, Nathan confiaba en que nadie adivinara sus pensamientos, porque estaba aturdido por el terror. En

Graylake se daba por hecho siempre que Dios, el Magno Árbitro, vigilaba permanentemente y anotaba en su *Libro de oro* a quienes arrostraban el peligro sin vacilar. Pero la idea de que Dios estuviese mirando a Nathan emboscarse para saquear a viajeros inocentes, resultaba intolerable. Más valía que Dios estuviese dormido al otro lado del mundo dedicado al pillaje. Y si Dios no estaba, ¿qué sentido tenía demostrar que se tenían los tamaños de un hombre?

El pirata frente a él estiró una pierna que se le había acalambrado y hundió su bota en la cara de Nathan. Estaba oscuro. Nathan necesitaba luz de día y aire fresco, así que alzó los hombros un poco para levantar la orilla de la tela apestosa a pescado y permitir que entrara un rayito de luz y algo de brisa. Entonces vio a unos centímetros de su propio rostro una cara conocida.

—¿Señor Hardcastle?

Nathan había visto a Sheller dar principio a la subasta de su piloto, pero no se quedó para ver el desenlace. La urgencia de rescatar a Magda era mayor. Ahora venía a enterarse del resultado de aquella venta. El rey Sansón era el dueño de Charles Hardcastle.

—¿Señor Hardcastle? Soy yo.

—¡Quietos, basura!

El rey Sansón soltó una retahíla de maldiciones y patadas a diestra y siniestra, haciendo que la loneta se agitara y arrugara. La oscuridad descendió de nuevo sobre Nathan. Hardcastle no respondió; fue casi como si Nathan lo hubiese soñado. Pero al estirar la mano hasta donde había visto el rostro, Nathan recorrió con sus dedos la mandíbula sin afeitar, la nariz, el nacimiento del cabello, las orejas. Hardcastle no hizo siquiera el intento de apartarse. Su piel tenía un tacto extrañamente húmedo.

—¿Señor Hardcastle?

No obtuvo respuesta.

Su primera incursión fue tan sencilla que Sansón se la agradeció a Dios con un caudal de juramentos obscenos. Un barco de peregrinos moros, el *Ganesa*, con noventa mujeres y niñas a bordo, en ruta hacia Sidón, con una tripulación de veinte marineros y armado con diez falconetes. Pero las mujeres estaban tan ansiosas de intercambiar bendiciones y comprar el pescado fresco y las fragantes hierbas que traería aquella canoa de campesinos que coparon la amurada, en gran algarabía, estirando sus brazos morenos adornados con brazaletes de oro y rogando a los marineros que echaran las redes de abordaje.

Cuando Sansón arrojó a un lado la lona y disparó a los aparejos con el trabuco, la tripulación corrió a esconderse; mientras las mujeres gritaban y lloraban, se asían entre ellas e invocaban la protección de Alá.

Alá, lo mismo que Dios, parecía estar ausente del Océano Índico aquel día.

El trabuco había sido cargado con clavos oxidados. En los minutos siguientes, los clavos se escurrieron por el velamen y cayeron sobre cubierta. No familiarizados con este tipo de ataque, los piratas hicieron una torpe maniobra de abordaje y una vez en cubierta empezaron a pisar los clavos ardientes con los pies descalzos y a maldecir. Nathan subió al último, con las piernas flojas por el miedo. A mitad del ascenso, decidió que no podría llegar a la borda y debía volver a la canoa. Pero ésta se había despegado del casco y en cambio se le vino encima un mar verde agitado sobre los pies, tratando de llevárselo.

Por su parte, Tamo trepó por el costado del barco como una lagartija por el tronco de un árbol. Emitía un aullido ululante, ininterrumpido, sin respirar siquiera, sin mirar tras él si alguien más había tenido éxito en el abordaje. Arrolló a varios marineros; corrió cerrojos para atraparlos bajo cubierta. Arrancó la mecha de los cañones y desató las escotas de sus amarres, con lo que el aire se llenó con el ruido del velamen suelto, un estrépito que intensificó el pánico universal. Sacó a jalones a las mujeres de sus escondites y desnudó sus brazos de los adornos de oro. Separó a las madres de sus hijas y las envió a los pañoles en busca del resto de sus pertenencias.

Nathan, quien al final consiguió trepar a bordo en medio de aquel desbarajuste, se le pegó a Charles Hardcastle, aferrado a él tanto como la propia sombra del piloto, empeñado en explicarle una y otra vez que él no había elegido participar en aquello, buscando cómo disculparse, tratando de expresar su repudio a la terrible perfidia de Sheller, que vendía a sus pilotos como barricas de ron. Hardcastle no dijo ni pío.

En cuanto los hombres de Sansón empezaron a verle a todo cara de botín —sedas, monederos, faldas con espejos cosidos a ellas, cofrecillos con especias— se desató un saqueo frenético. Arrebataban con codicia peinetas engastadas, broches de plata, alforjas de cuero y alhajeros lacados. Deshicieron valiosos paquetes de azafrán en busca de baratijas, tiñéndoseles la ropa y los rostros de un amarillo encendido, como si hubiesen contraído ictericia.

Con ojos de águila, Sansón permaneció de pie sobre la barandilla, sujeto con el brazo de un flechaste, supervisando el pillaje. Una mujer que cargaba a un bebé jaló su mantilla hacia el frente para envolver al chiquillo en una sombra diáfana y aislarlo del escándalo, mirándolo a los ojos, en un reducto de tranquilidad que ambos compartían.

—Como ovejas a la trasquila —comentó Sansón, moviendo la cabeza maravillado. Aun él se sorprendió de la facilidad del golpe—. Merecido se lo tienen. Mira que dejar que sus mujeres se hagan solas a la mar.

En su opinión, la responsabilidad por todo el mal que pudieran hacer recaía sobre los hombros de los maridos y los padres que dejaron ir a sus esposas e hijas sin compañía a una peregrinación.

Su contramaestre peló sus dientecillos amarillentos en una sonrisa ratonil.

—Es un viaje santo. Si mueren, lo harán en brazos de Alá —apuntó mordaz.

Al hacerle notar que estaba en presencia de impíos, Sansón escupió.

—¡Fuera de mi barco! —ordenó—. No quiero mujeres en mi barco. La mala suerte persigue a un barco con mujeres a bordo. En especial si son paganas.

Así que los prisioneros, una vez despojados de sus pertenencias, fueron transbordados a la chalupa del *Ganesa* y a la canoa que los emboscó. Seis hombres fuertes izaron a bordo a la reina Dalila, la única entre las mujeres que no era considerada de mal fario por el jefe pirata.

—¿Señor Hardcastle? ¿Señor Hardcastle? Nunca supe que había sido Sansón quien compró…

Hardcastle no abrió la boca. No contestó ni dio muestras de

haber advertido la presencia de Nat, mientras con obediencia canina recorría la proa del barco desde el castillo hasta la bodega, en busca de objetos de valor. Descerrajaba un tiro de advertencia en cada rincón oscuro y, mientras los marineros que se habían refugiado ahí salían a gatas, doblando la cerviz y resguardándose de un golpe, él se agachaba a recoger los enseres y armas que arrojaban a sus pies: un par de brújulas, un cortaplumas, una flauta, un yesquero, un destral de cocinero.

—¿Qué piensa hacer usted? ¿Cuáles son sus planes para escapar? ¿Qué va a hacer él con los prisioneros?

Nathan no paraba de parlotear, pegado a los talones de Hardcastle. Ahora que Tamo era un pirata, Nathan necesitaba un amigo, y el piloto lo había sido para él durante la larga travesía desde Inglaterra.

Pero Hardcastle había cambiado. Era otro hombre. Estaba vacío. Aun cuando Nathan lo tomó del brazo y lo zarandeó, estaba tan vacío que no profirió sonido alguno.

—¿Qué va a ser de su esposa? ¿Qué va a ser de su bebé?

Nathan se puso a recoger las pertenencias de los marineros, tratando de ser útil, cargando con el botín de Hardcastle. Pero la expresión del piloto no experimentó el menor cambio, ni por un instante. Era un cascarón.

—¿No deberíamos llevarlas con nosotros, para salvar sus almas del pecado, capitán?

Fue Contramaestre quien le metió a Sansón la idea en la cabeza.

—¿No cree que deberíamos llevar a las señoras con nosotros y celebrar algunos matrimonios cristianos?

Era una idea perversa, una idea salvaje. Sólo Contramaestre fue capaz de colarla con tal dulzura en la cabeza de Sansón y encerrarla ahí tras una cascada de palabras acerca de una boda cristiana colectiva. Noventa mujeres y niñas reducidas a la esclavitud y deshonradas por una chusma de borrachos empedernidos. No hace falta decir que los piratas de Sansón hicieron suya la idea como perros que encuentran un rastro. Corrieron a popa para señalar a las mujeres a bordo de los botes, mirarlas con lascivia y decir:

—Pido a ésa.

—Yo pido a la que tiene el pelo hasta los pies.

—Yo pido a la que está con su madre. Es más fácil domesticarlas cuando son jóvenes.

Las peregrinas los miraban desde abajo, con dulces ojos cafés tan grandes como los de los cebús sacrificiales; tan calladas como ellos. La mujer con el bebé se mecía atrás y adelante, en continuo vaivén. Las cuerdas que unían la chalupa y la canoa al barco se tensaron trémulas. El rey Sansón se disponía a remolcar a sus prisioneras de vuelta a casa, en calidad de objetos de diversión para sus hombres.

—¡Señor Hardcastle, haga algo! —lo urgió Nathan.

Pensó en acudir a Tamo en busca de ayuda, pero ahora Tamo era el hijo de Thomas White: un pirata. El bien y el mal no eran de su incumbencia.

—¡Por favor, señor Hardcastle! ¿Qué tal si una de esas mujeres fuera su esposa?

A Hardcastle le habían dado el encargo de saquear el pañol de los mapas y apoderarse de cualquier carta de navegación que sirviera para poner al día las de Sansón. Mientras éste se dedicaba a rebuscar, Nathan daba vueltas en torno suyo, como una mosca, rogándole que lo pensara, que empleara su cerebro de adulto educado en salvar a aquellas mujeres. Pero Charles Hardcastle tenía el aspecto de un hombre que ha consultado al *ombiasy*, ha conocido su destino y se ha resignado a cumplirlo. Él, también, ahora era un pirata. Había vivido entre piratas; hecho y atestiguado cosas con las que el antiguo Hardcastle jamás habría podido apechar. Se había rendido a su destino.

Sobre sus cabezas, en cubierta, Sansón ordenaba a gritos que se izaran algunas velas. El barco cogió viento y empezó a moverse. Las cuerdas que ataban al barco los cargamentos de mujeres que llevaba a remolque se tensaron con un chasquido. El pañol de los mapas estaba en la popa del *Ganesa*. A través de una celosía, Nathan tenía una perspectiva amplia de donde bajaban las cuerdas hasta los botes. Se le revolvían las tripas de indignación y asco. ¡Cómo era posible que Tamo lo hubiese hecho partícipe de esta atrocidad!

Cayó en la cuenta de que tenía los brazos colmados de objetos; todo lo que había recogido cuando Hardcastle despojaba y desarmaba a la marinería. Los dejó caer, con desagrado, encima de los mapas que Hardcastle estudiaba. Entre ellos estaba el destral de cocinero. De repente, Nathan lo recogió, se trepó en el nicho encima de la celosía y abrió una claraboya.

El barco tomaba vuelo y en la estela de su ancho y torpe casco se formaban olas de espuma que iban a romper contra la proa de los botes, obligando a las mujeres a sostenerse de la borda o unas de otras. Los hermosos colores de su vestimenta ondeando al viento se entremezclaban, se superponían, como los colores en la paleta de un pintor. Todos y cada uno de sus rostros parecían mirarlo desde allá abajo; a Nathan y su destral de cocina.

Salió al exterior de la celosía y trepó por ella, acercándose a la caña del timón, a donde estaban amarradas las maromas. Asestó un golpe con el destral a una de las cuerdas, pero con el impacto su brazo rebotó y estuvo a punto de soltar el cuchillo. Guardaba un equilibrio precario encaramado en la celosía, con los pies en el enrejado y haciendo presión con las rodillas. Sólo podía mantener el equilibrio porque se había pescado de la cuerda mientras trataba de cortarla. Cuando por fin se rompiera, él caería sin remedio en medio de la estela turbulenta.

—¡Muchacho! —se oyó la voz de Hardcastle llamándolo desde el interior de la cabina—. ¡Muchacho! ¿Quieres matarte tú también como tu padre?

Hardcastle se asomó y le tendió una cimitarra turca. Rodeó con su brazo las pantorrillas de Nathan y lo sostuvo en firme. Bastó un tajo para cortar las cuerdas, quedando sólo unas cuantas hebras. Nathan se agachó con cuidado y se deslizó de regreso por la claraboya abierta.

—¡Muchacho! ¡Muchacho! —lo regañó Hardcastle mientras lo ayudaba a descender—. ¿Cómo se te ocurre hacer eso?

Con un chasquido asordinado y un grito de susto de las mujeres, las maromas cayeron al mar. La chalupa y la canoa se fueron alejando, cabeceando y meciéndose en el agua, en medio de los gritos de las mujeres. Se oyó a Sansón maldecir y vociferar en alguna parte del barco.

—¿Qué pasó?

—Se rompieron las cuerdas —se oyó la respuesta encima de ellos.

Fue como si algo se hubiese roto también dentro de Charles Hardcastle; una rienda que lo había mantenido sujeto.

—No será posible regresar, chico —le dijo a Nathan—. Jamás. Sheller me ha denunciado en Inglaterra como pirata. Si vuelvo a casa, lo único que conseguiré será que me cuelguen. Acabó conmigo. Y tu amigo White hizo lo mismo por ti. Somos piratas, muchacho. No tiene caso creer que somos diferentes de ellos.

Pero tomó la mano de Nathan entre las suyas y la estrechó en un gesto más de padre que de bucanero.

—¡Viren en redondo y agarren esos botes! —vociferaba Sansón sobre el puente—. ¡Quiero a esas mujeres!

Pero soplaba una brisa constante y la corriente era fuerte, así que hubiera sido necesaria mucha pericia marinera para maniobrar en un barco morisco, poco familiar.

—¿Qué va a ser de ellas? —preguntó Nathan sin apartar la mirada de los dos botes, que iban rezagándose cada vez más.

—Quizá lleguen a tierra, o quizá las recojan si cruzan alguna ruta de navegación —aventuró Hardcastle.

—O se ahogarán —añadió Nathan—. O morirán de sed. Gracias a que *yo* corté las amarras.

Hardcastle enrolló tres mapas y los introdujo en su chaqueta.

—Lo habrían preferido, muchacho. Es lo que habrían elegido, antes que caer en manos de corsarios, cristianos por añadidura.

Nathan se animó. Hardcastle era nuevamente su amigo y ahora que Tamo se había entregado a la piratería, necesitaba un amigo más que nunca.

Tamo arrojó a Magda diez brazaletes de oro y de plata: su parte del botín de la incursión. Ella retrocedió como si le hubiesen ofrecido alacranes y babosas.

—No pensarás que me voy a poner…

—Es el lugar más seguro —repuso tajante Tamo—. Si te ven con mi parte no se tomarán la molestia de meterse y llenar de agujeros el piso cuando no estemos. ¿Quieres que escarben toda la casa?

Magda hizo un puchero y miró a Nathan, quien asintió débilmente, como diciendo: "Póntelos. Hazle caso".

Se acostaron encima de sus colchones, pero la muelle oscuridad exterior se veía desgarrada por las hogueras de los piratas. Los ruidos nocturnos de aves y animales eran opacados totalmente por el escándalo de hombres emborrachándose.

—¿Qué hicieron con la tripulación? —se preguntó Nathan en voz alta—. ¿Qué pasó con los moros?

Pero Tamo no contestó. Al parecer se había dormido.

—Te darás cuenta de que *él* no tiene demasiado cargo de conciencia —dijo Nathan a su hermana.

Ella tampoco contestó, pero Nathan supo que no dormía. Podía ver el reflejo de sus ojos en la penumbra y alcanzaba a escuchar el tintineo de los brazaletes. En algún rincón de la cabaña a oscuras zumbaba un mosquito, como un pirata merodeando el negro océano del aire en busca de carne para el saqueo, de sangre para beber.

Una vez que el rey Sansón se hizo nuevamente de un barco, todo fue muy fácil. Su reino se extendió hasta el confín más lejano. Para él, todo marinero, todo pasajero, todo oficial de marina, toda rata de barco era súbdito suyo por derecho; sus pertenencias y cargamentos, tributos que se le debían. El *Ga-*

nesa resultó la presa ideal; no era un bajel rápido ni brioso, pero permitía a Sansón acercarse a los navíos moriscos, porque lo confundían con un barco de peregrinos y se apresuraban a emparejársele. Antes de que cayeran en la cuenta de su error, habían recibido de costado una andanada de los cañones de Sansón y ya los ganchos de abordaje de Contramaestre los tenían aferrados, tirando de ellos como las garras de un buitre. Las tripulaciones moriscas rara vez se defendían. Cuando los piratas de Sansón se lanzaban al abordaje bajo el fragor de tambores, cascabeles y entrechocar de címbalos, los moros corrían bajo cubierta para volver cargados de mercancías que ofrecían con manos ávidas, implorantes, pidiendo solamente su vida a cambio de alfombras, polvo de oro, piedras preciosas, especias, metal sin acuñar; cargamentos tan exóticos que Nathan apenas daba crédito a sus ojos. ¿Cómo era posible que alguien confiara riquezas tan inimaginables a un casco de madera y las enviara a cruzar el Océano Índico a merced de tifones, arrecifes, herrumbre, motines... piratas? Cada navío era una cueva del tesoro digna de un cuento de hadas y, al principio, el resplandor cegó a Nathan.

—Un puñado habría bastado para pagar las deudas de papá —comentó a su hermana de regreso de una incursión particularmente afortunada.

—No. Él no lo habría aceptado —repuso Magda contundente.

No obstante, ahora Magda vestía de seda india, de un color mezcla de azul y turquesa, y moneditas de oro ceñían su frente. El piso de la cabaña resplandecía con gruesas y mullidas alfombras persas y blandos cojines se apilaban unos contra otros en tres de las cuatro esquinas.

Magda llevaba las cuentas. Anotaba cada objeto y cada moneda que recibían como su parte de las correrías, como si se hubiera propuesto devolverlos algún día. Su padre solía llevar cuentas, cuentas secretas, desesperadas, donde el renglón de los ingresos era siempre inferior al de las deudas y jamás lo alcanzaría. Pero sus cuentas nunca registraron a los hombres en el haber: "Por la compra del señor Hardcastle: 50 guineas".

No compraron del todo al señor Hardcastle. Sansón jamás se habría desecho de su "artista"; pero por unas cuantas guineas, un manojo de alambre de plata y algunos botones de metal forjado, Nathan se las arregló para comprar a su amigo la libertad de vivir en la cabaña de los muchachos mientras no se hicieran a la mar. Era un inquilino extraño: pocas veces hablaba y se la pasaba durmiendo, refugiado en el sueño. La tiranía de Contramaestre lo había acostumbrado a hacer exactamente lo que se le ordenaba, por miedo a recibir un puñetazo o una patada y, al parecer, había perdido la capacidad de actuar por su propia volición. Así que, en cambio, dormía. Cuando Magda trataba de despertarlo ofreciéndole algo de comer o una almohada para recostar la cabeza, Tamo la increpaba con saña:

—¡Déjelo en paz, señora! No es uno de sus malditos animales.

La vereda que conducía a la cabaña estaba también erizada de largas púas y pedazos de filoso metal. De día, apenas podía distinguirse un alambre atravesado en el camino a la altura del cuello; por la noche era invisible. Siendo el robo un modo aceptado de ganarse la vida, era aceptado con naturalidad que los piratas trataran de robarse unos a otros a la primera oportunidad. Zaotralana había adquirido el aspecto de un campo de batalla sembrado de trincheras. Los animales rara vez se acercaban; los olores eran demasiado acres; la propensión de Sansón a acribillar a los pajarillos y al ganado por deporte era excesiva. En ocasiones, por la mañana, aparecía un lémur atrapado en los alambres. Magda entonces lo liberaba y lo acunaba en sus brazos y le hablaba, aunque ya estuviera muerto, y lo llevaba a la selva para darle sepultura en el sotobosque.

Los aldeanos se habían sumido en un terror abyecto, perplejo, víctimas de esta terrible invasión. Atestiguaban cómo sus rebaños sagrados eran destazados para asarlos al fuego, cómo sus casas habían sido pertrechadas y fortificadas hasta que vivir en ellas no era más agradable que hacerlo en las zanjas que cavan los cazadores para atrapar animales. Acudían con sus ancestros y les contaban en susurros las cosas raras que habían visto —brocados, zapatillas de hilo de plata, incensarios, un trabuco—, pero ya no sacaban a sus muertos a bailar. No mientras los bárbaros infectaran su aldea. No mientras Zaotralana estuviera en manos de los demonios.

—¿Por qué habríamos de despertarlos para que contemplen algo que les rompería el corazón? —le decía Noro a Magda.

De manera que los muertos se quedaron bajo tierra, presos, al igual que los vivos, del rey Sansón y sus rufianes.

La mentira

Nathan sabía todo lo que los libros podrían decir a propósito de juramentos, brindis y códigos marinos. Pero Tamo White poseía un instinto certero para el asunto; era casi como si lo trajera en la sangre. Sabía dónde ocultaban los moros las cosas de valor: en los techos y entre el lastre. Sabía distinguir a ojo entre un barco cargado y uno vacío; identificaba una bandera a una milla de distancia y reconocía al capitán de una tripulación vestida toda con vestimenta uniforme. Sabía del valor del gesto teatral: golpear los tambores, cabalgar en el bauprés cuando embestían un barco, y siempre era el primero en abordar, aullando su demoniaco grito de guerra. Sansón estaba vivamente impresionado, tanto como los propios moros.

Pero para Nathan Gull, Tamo se alejaba de él en caída libre, adentrándose en las páginas de Exquemelin, en el pasado de Graylake, cuando White era "el hijo del pirata", el compañero de clase con quien apenas había cruzado palabra, con quien casi nunca se atrevía a hablar.

Un día, de pronto, el botín de cuento de hadas —los diamantes, los doblones, el mobiliario lacado— perdió su brillo, como si Nathan se hubiese hecho demasiado viejo para los cuentos de hadas. El día en que saquearon un barco cargado de cadenas, jarcias y maderos hubo gran celebración. Los hombres bailaban enlazados por metros de ruidosas cadenas, felices de obtener algo útil. ¿Para qué querían diamantes en Zaotralana? En otro viaje, el botín fuc lona y fibra de coco. En otro, mantequilla, arroz y un género basto.

No hace falta esconder la mantequilla o defenderla o proteger un tesoro de mantequilla; no hay riesgo de despertar degollado por estar en posesión de mantequilla. Sencillamente se la mete uno en la boca, dorada y comenzando a derretirse, y el único rastro de ella serán unas cuantas manchas de grasa adicionales en la chaqueta de gabardina. Nathan devoró su parte de la mantequilla cuando caminaba de regreso a casa, luego de haber estado en la cabaña comunal, donde se repartió el botín. Si la hubiera guardado hasta llegar a casa, Magda la habría hecho a un lado por ser propiedad robada o hubiese alimentado con ella a sus malditos animales.

Pero ya la mantequilla se asentaba en su estómago, salada, grasosa, cuajándose entre el ron con el que Sansón premiaba a su tripulación tras un buen golpe. Y Nathan evocó la incautación de mantequilla.

El barco que la transportaba era tan pequeño y la carga tan modesta, que no pensaron en hallar resistencia. Mas de repente, a quemarropa, el mercante había abierto fuego con su único cañón. El ruido llegó después de verse el fogonazo saliendo de la boca del cañón. La bala pasó tan cerca de Nathan que percibió la turbulencia del aire. Luego le dio a un "terranovo" atareado en golpear los címbalos y le arrancó la pierna izquierda, aventándolo contra los imbornales.

Ni pensar en ayudarlo, porque los ganchos de abordaje habían sido lanzados y la maniobra estaba en su apogeo. Sus alaridos fueron opacados por el crescendo de los gritos de guerra de los hombres que salvaban de un salto el espacio entre los barcos. Hubo un encontronazo y una reja de balas de cañón se soltó; rodaron sobre cubierta y cayeron por la borda una tras otra. *Pluf, pluf, pluf.* No había más de diez brazas de profundidad y el agua era tan diáfana que podían distinguirse las balas en el fondo; una nubecilla de arena y después la imagen nítida.

Cuando terminó la captura del barco, Nathan no pudo pensar en otra cosa que en el hombre con la pierna arrancada. No quería mirar; no quería verlo. Pero su preocupación resultó inútil. Mientras trasladaban la mantequilla, el arroz y la tela al *Ganesa* y dejaban a la deriva el barco desmantelado junto con su tripulación, Nathan preguntó por el herido (¿Jan lo llamaban?).

—Necio —repuso el rey Sansón—. Seguramente se tiró por la borda. ¿Y todo por qué? ¿Por perder una pierna? Sabía que yo lo habría indemnizado por su pérdida. Cien monedas por una pierna; pudieron haber sido suyas. Mira que arrojarse al mar de esa manera. Necio.

De camino a casa, con un cucharón de mantequilla en el estómago, Nathan sintió un frío mortal en piernas y brazos, las manos le sudaban y le ardía la cara. Se imaginó al nativo de Terranova de pie en el fondo del mar sobre su única pierna, como una cigüeña; una nubecilla de arena, después la eternidad. Y comenzó a sentirse mal. Se acuclilló hecho un ovillo tras la cabaña, pues le hubiera disgustado vomitar sobre la alfombra persa, y se abrazó de sus piernas, mientras las lágrimas escurrían por su rostro.

—Magda —la llamó débilmente.

Pero Magda no estaba en casa. Estaría atendiendo a sus animales o de visita con las aldeanas. Tamo se había quedado en la cabaña comunal, en su papel de pirata, bebiendo ron. Nathan entró a rastras en la cabaña. Sintió la penumbra tan fría que igual habría sido arrastrarse dentro del mar.

Algún día, quizá, él perdería una pierna, un brazo o un ojo. Eran gajes de la piratería. Ahora, cada día de su vida consistía en desempeñarse como pirata. El resto de su existencia estaría determinado por esta circunstancia. Determinaría la forma de su cuerpo, el día de su muerte y su lugar de reposo. Intentó levantarse para ir en busca de Magda, pero tuvo la impresión de que le habían arrancado las piernas. ¿De qué le sirven a un hombre sin piernas las monedas de oro?

Además, Hardcastle había visto al hombre ser arrojado por la borda; se lo comentó en un susurro cuando terminó el reparto de la mantequilla. Sansón —le platicó— había empujado al hombre por debajo del trancanil con la punta de su bota, cuando creyó que nadie lo miraba. Se ahorraba cien piezas de oro. Cien piezas de oro, para un hombre como Sansón, es mucho dinero para dárselo a nadie. Qué importa lo que promete un hombre a su tripulación.

Magda se encontraba con Dalila; lavaban ropa en el agua roja del río, golpeando las camisas de los piratas contra las piedras. El agua les teñía las manos de rojo, pero no de un tono tan subido como el de las mejillas de Magda. La mujer mayor se percató del rostro atribulado de la muchacha, pero permaneció callada, en espera de que Magda se resolviera a hablar.

—Tengo que pedirle un gran favor —dijo Magda.

—¡Hmmm!

—Es algo terrible. Terrible. No quiero… No se lo pediría si tuviese… No tengo derecho a pedírselo.

—Quieres marcharte —repuso Dalila llanamente—. Quieres yo te ayude marcharte a casa, ¿sí? Quieres que mi muchacho se vaya contigo.

—¡No! No es eso —Magda estaba asombrada por la tranquila franqueza de la mujer, con sus musculosas manazas alzando y dejando caer las prendas, sin alterar el ritmo de sus movimientos al tiempo que le hablaba. Magda había hecho unos planes tan complicados, tan enredados, que la desconcertó escuchar algo formulado en términos tan simples.

—Yo tengo barco —dijo Dalila como si tal cosa—. Tengo barco grande. Pero tú no llevas mi muchacho de regreso a Inglaterra.

La confusión de Magda era mayúscula.

—¿Tiene usted un barco? ¿Dónde? ¿En Tamatave? Quiere usted decir una canoa.

—¡No! Un condenado barcote. Grande como ballena. Lo juro; por Jesucristo. Aquí no. En Tamatave no —movió misteriosamente la cabeza en vaivén y se dio un golpecito en la nariz con un dedo—. A la mitad. ¿No te dije que me había guardado el tesoro más grande de todos? ¿Para Tamo? Tengo barco de fierro.

—*¡Tay be!* —dijo Magda sin pensarlo—. ¿Un barco de hierro? ¿En serio?

—¡Ajá! ¡Ajá! Barco de fierro. Condenadamente fuerte. Yo recuerdo. Él acostado de espaldas. Thomas White se acostaba boca arriba, por las noches, y miraba al cielo y decía: "Lo capturé: un barco de fierro". Era el tesoro número uno en su vida.

—Entonces, ¿no lo penetran las balas de cañón?, ¿no lo daña el fuego?

Dalila meneó el índice frente al rostro de Magda.

—Herrumbre, niña. Herrumbre.

Magda llevó su carga de ropa a la orilla. Las mangas hechas nudo, los botones colgando de hebras sueltas, las perneras a medio voltear, como tullidas. Las ideas se arremolinaban en su cabeza. ¿Un barco? ¿Un barco escondido entre Zaotralana y Tamatave? ¿Qué podía significar aquello? ¿La salvación o el desastre? ¿Y si le dijera a Tamo? Tamo ya no podría ver en un barco un medio para escapar de ahí: vería una embarcación para seguir con las correrías. Un barco blindado, por añadidura. Se convertiría en el terror de los mares, el azote de las rutas de navegación.

Pues no. Con todo y lo sorprendentes que eran las noticias del barco de Dalila, no resolvían nada, hasta donde Magda alcanzaba a ver. No se había salvado de tener que pedir un inmenso favor, un favor desesperadamente inmenso, a la reina Dalila, y Dalila, de eso estaba segura, iba a decirle que no.

—Le ruego que no vaya a enojarse, princesa. No vaya usted a ofenderse.

"Qué ridículo. ¿Cómo no va a ofenderse?", pensó Magda, y optó por callar.

—¿Qué es lo que quieres preguntarme, hija? —insistió Dalila, tomando en su manaza mojada la barbilla de Magda. Sus dedos eran ásperos como la piedra pómez. El cabello de la mujer olía a aceite de coco—. Pregunta. No me gusta: digo no.

Magda cerró los ojos, para no ver la reacción que provocaría con su perversa propuesta.

—Es esto: el *ombiasy* le dijo a Tamo que seguiría los pasos de su padre. Por eso Tamo está convencido de que su destino es ser un pirata. Hace lo que hizo su padre. Hace lo que cree que debe hacer para ser como Thomas White. Si el *ombiasy* le hubiera dicho otra cosa, Tamo jamás se habría convertido en pirata, ¡jamás! Pero es como si se hubiese amarrado a un caballo y dondequiera que va el caballo, tiene que ir él. No puede librarse de la profecía —sus dedos estaban tan hechos nudo como la ropa a sus pies, de tanto que los trenzaba y los retorcía—. No quiero que Tamo sea un pirata. Si su papá hubiera sido otra persona…

La reina Dalila se le quedó mirando, pasmada; la gramática era demasiado complicada, no había entendido.

Magda se quitó el pelo de la cara.

—No quiero que Tamo sea un pirata —repitió—. Así que quiero que usted le diga a Tamo que Thomas White no fue su padre. Que usted… Que él… Que otra persona…

Fue tal el estallido de Dalila, que Magda retrocedió de un salto, segura de recibir una bofetada. De hecho, alcanzó a escuchar el impacto de la bofetada. Cuando abrió los ojos, la mujer aporreaba una camisa contra el suelo; un arcoíris de gotas de agua todavía adornaba el aire como señal del movimiento que había trazado el brazo de la mujer sobre su cabeza. Dalila era víctima de un ataque de carcajadas, resoplaba e hipaba y se balanceaba sobre los talones.

—¡Claro! Se lo voy a decir. ¡Alabado sea el señor, aleluya! ¡Qué alegría me has dado, niña! *¡Tay be!* ¡Eres una mujer! ¡Bien que entiendes todo, Magda-mujer! ¡Bien claro que entiendes! ¡Se lo diré!

—¿De veras?

Magda no podía creerlo. Imaginen que hubiese pedido a la esposa del decano que hiciera público que su hijo no era hijo del decano sino el resultado de un amasiato con el ropavejero. El reloj habría vomitado sus manecillas, la alfombra se habría enrollado de la vergüenza, se habría caído el techo, las señoritas respetables del pueblo la habrían acosado como estorninos.

—¿Quién te gusta? ¿Quién? ¿Con quién me acosté para tener a mi muchacho?

—¿Quién qué?

Magda estaba confundida por las manos húmedas que le daban golpecitos, recorrían su cabellera y la acariciaban.

—¿Quién te gusta para mi amante? ¿Con quién me acosté para tener a mi muchacho? ¿El cocodrilo? ¿El ayeaye mágico?

—No. No creo…

Magda tenía serias dudas de que Tamo, luego de sus estudios en una escuela pública, creyera que había sido engendrado por un cocodrilo.

—¡Zanahary bajó del cielo, eso!

Ahora Dalila se había puesto de pie y bailaba a su propio ritmo, acariciándose la gran panza con las manos húmedas mientras imaginaba su cópula con el dios de los cielos. Cuando, de pronto, fue presa de una inspiración más poderosa, alzó una mano en el aire y graznó extasiada:

—¡Ajá!

Magda no se atrevió a preguntar.

—¡Jesús! —gritó Dalila—. Tamo, mi caballerito. ¡Seguro le gustará! Su papá, Jesucristo.

Magda gimió.

—¿Jesucristo no?

—Preferiría que no, si da lo mismo.

—¿Quién entonces? ¡Tú escoge! Tú escoges hombre. Entonces yo digo: "Tamo, muchacho, yo me acosté con ese hombre. ¡Él, tu padre!"

Magda se exprimía el cerebro. Estaba tan segura de que su plan no fructificaría, que ni se le habían ocurrido los detalles. ¿Quién podría ser? Alguien que pudiera haber atracado en Tamatave sin ser un pirata o un traficante. Impulsivamente dijo:

—¿Un médico de a bordo?

De repente tuvo la impresión de que había un tercer interlocutor, porque Dalila empezó a gritar, mirando hacia la fronda verdeazul de la selva, increpando a alguien a lo lejos.

—¿Lo escuchaste, mal hombre? ¿Oíste? ¡Me acosté con un médico de a bordo! ¡Tuve un hijo con un médico de a bordo! ¡Buen hombre! ¡Hombre amable! Hombre con estudios y con cerebro dentro de la cabeza. Gran amante, él, ¿me oyes? ¿Me oíste, canalla?

Magda se agazapó al borde del arroyo, haciendo como si estuviera en otra parte. Por fin, acezante, Dalila volvió a acuclillarse entre sus caderas inmensas, en equilibrio sobre sus pies gordos abiertos en compás, y reanudó su faena de golpear la ropa contra las piedras, como si nada la hubiese interrumpido.

Tímidamente, con la formalidad apocada que adoptara por última vez en el recibidor de la vicaría para dirigirse al obispo, Magda preguntó:

—¿Debo acaso entender… que pudiera ser que usted no… eh… quiso a su primer marido, princesa?

En ese momento, Dalila tenía en las manos la camisa de Sansón. El tejido comenzó a abrirse, las mangas azotaban contra la piedra cada vez con menor fuerza, desgastándose a cada golpe.

—Hija, hija —dijo Dalila—. Quizá un día te cases. Entonces lo sabrás.

Arrancó a hablar en malgache y Magda sólo pudo filtrar, como arena del agua, un panorama borroso del matrimonio de la princesa.

Vendida al jefe pirata por su padre, por una suma prodigiosa de joyas y dinero, se resignó a la brutalidad, la ociosidad disoluta y las largas ausencias del capitán Thomas White. "Blanco, como algo que se saca de debajo de una piedra", dijo refiriéndose al cuerpo sucio, obeso y enfermizo del inglés. Cuando tuvo a su hijo fue feliz. El niño tenía todo lo que le faltaba a su padre: apostura, piel morena e inocencia. El capitán había cumplido con su parte del trato; le había dado todo lo necesario para ser feliz.

Dalila azotó una camisa.

—Entonces embarcó a mi Tamo. Nada me dijo. Ni una palabra. Lo mandó a Inglaterra. Para siempre. Mi muchacho. Mi hijo. Mi Tamo. Un día tendrás un hijo, Magda-*ala*. Entonces lo sabrás. Cómo lo odio. Cuán profundo es el odio que me inspira. Cómo quisiera quebrarle los huesos. Partirle la cabeza.

La camisa de Sansón, aún en sus manos, se deshacía en jirones y la mujer no cejaba de golpearla contra la roca de lavar.

—Le rogué. Le supliqué. Le dije: "¡Un año más solamente, esposo! ¡Déjame a mi hijo un año más!" Pero no. White lo mandó a Inglaterra.

Dalila asintió para sí con tristeza, con nostalgia. Se limpió la nariz con el reverso de la mano.

—Por eso lo maté.

Magda sintió que los ojos se le secaban en aquel calor árido, incapaz de retirar la vista de la princesa Andriamahilala.

—¿Usted mató al padre de Tamo?

—Al día siguiente de partir el barco. Le eché cosas en la comida. Iba a morir en dos o tres semanas. Despacio.

Sin inmutarse, pescó de las aguas la ropa que Magda había dejado a la deriva.

—Años robó cosas: barcos, dinero, tesoros. Yo, solamente su vida. De pronto sonrió a Magda.

—Ahora tú, Magda-*ala,* tú le robas a su hijo. Igual que él a mí. Ajá. Voy a decirle a Tamo. A todos. ¡El padre de Tamo fue un apuesto médico de a bordo! El padre de Tamo nunca fue Thomas *Todopoderoso Capitán* White.

Su gratitud se hinchó y se le desbordó en lágrimas y risas y aplausos. Abrazó a Magda con tanto cariño como cualquier mamá y la tomó de las manos para levantarla y ponerse a bailar de contento. Le dijo que el barco de hierro era suyo; que podía hacer con él lo que quisiera. Tan grande era su gratitud para Magda por el golpe que había propinado al espíritu inmortal de

Thomas White. Del mismo tamaño sería el sufrimiento que su ingeniosa mentira infligiría a los muertos.

—¿Cómo que no es mi padre?

—Yo me limito a repetir lo que oí donde lavamos la ropa —dijo Magda, poniendo especial atención a los términos de la mentira—. La princesa Andriamahilala dice que tu padre fue un médico de a bordo, de nombre... eh... no sé cuál era su nombre.

Jamás hubiera imaginado que mentir era tan fácil. ¡Era tan sencillo en comparación con decir la verdad! ¿Qué iba a hacer ahora que sabía que Dalila había asesinado a su marido? ¿Qué debía pensar? Supongamos que la esposa del regente hubiese confesado, a la hora de tomar el café en la sala, que había puesto veneno en el pastel de carne de su marido. ¿Se habría limitado a señalar la cafetera, dando a entender que se enfriaba, ofreciendo una segunda taza? ¿Acaso este lugar la estaba despojando de toda fibra moral, como una camisa que se azota contra las piedras con excesiva frecuencia?

Tamo ignoraba el dilema de Magda. Insistía en preguntar una y otra vez si era cierto. ¿Era cierto que el capitán Thomas White no era su verdadero padre?

—En definitiva —aseguraba Magda, mirándolo a los ojos.

El pecado de decir mentiras parecía haberse encogido considerablemente desde aquella mañana.

En ese momento llegaban a la cabaña. Tamo estaba tan abrumado por la noticia que ni siquiera se preocupó por el *fady* y entrar desde la dirección propicia. En la penumbra, Magda escuchó un castañeteo, como de una mantis o de un grillo. No fue sino hasta que Tamo encendió una linterna de camarote robada cuando descubrieron el origen del ruido. Eran los dientes de Nathan lo que castañeteaba.

Estaba arrebujado en su colchón. Se había echado encima todas las cobijas de las tres camas y aun así temblaba de frío. Cuando Magda lo tocó, su piel estaba caliente y seca, como una camisa recién planchada, y sus mandíbulas se entrechocaban.

—Es un castigo de Dios —sentenció Magda.

Pero, ¿por qué? ¿Por su mentira o por sus crímenes de piratería?

—Es *tazo* —dijo Tamo.

—¿Y eso qué es?

—Una enfermedad. La trasmiten los mosquitos. En especial a los blancos.

—¿Qué hago? ¿Es grave?

Magda se había arrodillado junto a su hermano, consternada, desamparada.

—Tiene que tomar quinina —dijo Tamo—. Es lo que toman los piratas.

—¿Dónde la encuentro? Yo voy a buscarla —dijo ella—. Dime cuál es la planta.

Magda conocía las plantas, los árboles, las flores, las hierbas que crecían en la localidad. Bastaba con que le dijera cuál tenía que recoger.

Pero Tamo negó con la cabeza.

—No la hay en Madagasikara —y salió al sol.

—¿Adónde vas?

Magda corrió hasta la puerta. Vio a Tamo sortear las trampas y los cepos hasta la cabaña comunal. Había ido a preguntar al rey Sansón si tenía un poco de quinina; lo vio señalar hacia la choza, pero no advirtió que el otro le diera nada.

La reina Dalila apareció en el umbral de la cabaña comunal, cubriéndose los ojos de los rayos del sol, con porte indolente, incrustados los brazos de pedrería, Magda alcanzaba a oír a Tamo gritarle:

—¿*Marina ve?* ¿*Marina ve?* ¿Es verdad?

Dalila masticaba una hebra de paja y comenzó a describir a Tamo, con minucioso detalle, algo, a alguien; desde esa mañana, el médico de a bordo había pasado a formar una parte tan importante de su pasado como la que correspondió al capitán Thomas White. Tenía mucho que contarle a Tamo de aquello. Al igual que Zanahary, el dios creador, había concebido a un hombre de la nada y le había infundido vida.

Delirando por la fiebre, Nathan le gritaba a alguna criatura alucinante que deambulaba por sus pesadillas. Magda se acercó y acarició su frente, tratando de confortarlo y de infundirle ánimo. Su hermano abrió los ojos y la miró directamente. Ella pudo ver sus pupilas contraerse y luego dilatarse. Entonces él gritó:

—Lo siento, señor Thrussel, pero tengo que irme. Es mi padre, señor. Me llama…

Magda no lloró —llorar de nada servía—, pero su deseo más íntimo —que esto fuese un sueño, que no fuera verdad— se hinchaba y crecía a tal punto que creyó que le estallaría el pecho.

Cuando Tamo volvió, no traía la quinina. Se le veía agitado, pero no desesperado. Magda sabía que lo que Dalila le había contado daba vueltas en su cabeza, mientras que a ella nada le importaba excepto Nathan.

—¿La gente puede morirse de este *tazo*? —preguntó.

—Tiene que sudar. Lo hará. Pronto empezará a sudar a chorros, ya verás. Si no…

Magda no quiso escuchar lo que ocurriría si la fiebre de Nathan subía y subía y él no empezaba a sudar. Le arrancó las cobijas y revisó sus ropas. De pronto se sintió aliviada.

—¡Mira! ¡Aquí! La chaqueta se está empapando de sudor.

Tamo se agachó y olió las manchas que escurrían por el pecho de Nathan.

—Eso es mantequilla —dijo con tranquilidad abrumadora.

Magda lo apartó del paso y bajó corriendo a la aldea ella misma. Si Sansón no podía ayudarla, quizá los malgaches sí. Su amiga Noro, los parientes de Noro, los ancianos, las viejas. Corrió entre las chozas. Se desgarró la piel con las trampas colgantes de esquirlas de los piratas.

—*¡Milo dokotera ah!*

Se abrió paso a empujones entre las escasas vacas que aún quedaban y llamó a las mujeres que trabajaban en los arrozales.

—*¡Milo dokotera haingara aho!*

Pero las mujeres se volvieron a mirarla con rostros inexpresivos, mudos. No se le acercaron. Retrocedieron.

Así estaban las cosas. Había pasado al lado del enemigo. Era una muchacha blanca y, por tanto, parte del mal que había arrasado con las vidas de los nativos. Era posible que se alegraran de la enfermedad de Nathan. Un rostro pálido menos en

Zaotralana. Un pirata menos. Hasta Noro, al verla acercarse, se guardó dentro de su choza.

Junto a la puerta, la madre de Noro estaba sentada en una silla de mimbre, pelando unos camotes. Magda entró y cayó de rodillas frente a la mujer, exhausta y acezando.

—*Anadahy... tazo. ¡Milo dokotera aho!*

La mujer le devolvió la mirada y asintió con la cabeza, luego prosiguió la preparación de sus alimentos.

Una mano cogió a Magda por el hombro. Era Tamo. Abrazó a Magda por los hombros y la miró a la cara. Sus ojos ya no estaban vidriosos, ya no brillaba tras ellos la amenaza de la histeria.

—¿Qué pasa si no suda? —preguntó Magda—. Si se pone cada vez más caliente.

—Nathan se pondrá bien —dijo Tamo—. No dejaré que sufra algún daño. ¿Tú crees que lo traje hasta aquí para que le dé *tazo* y muera? No morirá. No voy a permitirlo.

—Sí, pero...

Ante la duda de Magda, Tamo enderezó imperceptiblemente los hombros, echó la cabeza hacia atrás y proyectó hacia adelante la mandíbula inferior.

—Soy el hijo de un doctor, ¿no es así? —adujo.

El precio

Magda se recriminó. Pensó en todo lo que pudo haber dicho y se maldijo porque dijo precisamente aquello; por sugerirle a Dalila: "un médico de a bordo". Ahora su hermano estaba en las garras de alguna terrible enfermedad tropical y su único médico era un colegial pirata que creía llevar la medicina en la sangre.

Pudo haberlo desmentido, claro. Cien veces, mientras Nathan se debatía y se contorsionaba entre ellos dos como un tiburón fuera del agua, lo tuvo en la punta de la lengua: "Yo lo inventé. Mentí para evitar que siguieras haciéndote a la mar, para evitar que te convirtieras en un pirata". Pero se contuvo en el último segundo. ¿De qué le habría servido a Nathan? Además, el efecto de la noticia sobre Tamo había sido notable. Había vuelto, como un salmón que se adentra en los ríos de agua dulce procedente del mar. Y al igual que los piojos marinos se desprenden de los salmones, la quincallería pirata había dejado de ceñir la cintura de Tamo: la cachiporra, las pistolas, los cuchillos. Aún no conseguía articular una palabra decente a la hora de referirse a su madre y sin embargo Magda sabía que le estaba agradecido; a regañadientes, pero en deuda con ella por la alteración de su destino.

Pero si moría Nathan, Magda sabía que la culpa la tendría ella. Tamo no era un doctor y ni las mentiras ni los deseos lo tornarían en uno; ni siquiera en el hijo de un doctor.

Poco antes del alba, un cascabeleo metálico fuera del umbral anunció la llegada del *ombiasy* y Magda se echó a llorar aliviada. Los aldeanos no la habían repudiado. La madre de Noro había mandado buscar al *ombiasy* y éste había acudido a su llamado, aun cuando Nathan era blanco; aunque él y sus amigos hubieran acarreado esta calamidad sobre la aldea. Magda salió corriendo, tomó al hombre de la mano y lo arrastró dentro de la cabaña. Las docenas de collares entretejidos con raíces, pedazos de carbón, tiras de corteza y de carne seca, amuletos y especias para quemar crujieron cuando el brujo se acuclilló junto a su hermano.

Pero en ese momento Nathan abrió los ojos.

—¡Diablo! ¡Brujas! ¡*Vade retro,* Satán...! —gritó y no fue posible callarlo hasta que el *ombiasy* volvió a salir a la claridad.

Magda se sintió aliviada de que el hombre no pudiese entender los improperios que le habían dirigido. Corrió tras él para disculparse, se colgó de su mano, le rogó a aquel larguirucho y cadavérico brujo que se alejaba con paso ligero pendiente abajo que tuviese paciencia. ¿No podría hacer algo por el enfermo, a pesar de todo? ¿Darle algo para combatir el *tazo*?

El *ombiasy* levantó los dos mechones de pelo que le tapaban los ojos, uno con cada mano, y la miró con ojos amables, sin recriminaciones. Le apenaba, dijo, ver al joven inglés tan enfermo. Nada podía hacer mientras la *tromba* no hablara.

—¿La *tromba*? ¿Quién es la *tromba*?

Ante la lamentable ignorancia de Magda, el *ombiasy* le sonrió con su sonrisa torcida y, apoyándose en su cayado, se alejó a buen paso.

—¡Tamo! ¡Tamo!

Magda subió la cuesta a gatas hasta llegar a la cabaña.

—Tamo, ¿quién es la *tromba*? Dice el *ombiasy* que debe hablar la *tromba*.

—La *tromba* es el espíritu de su enfermedad —dijo Tamo, tratando de tranquilizarla—. No lo dejará mientras no haya hablado.

—¡Pero si acaba de hablar! ¡Le dijo demonio y diablo al *ombiasy*!

Tamo sonrió y meneó la cabeza.

—Ése era Nathan, no la *tromba* —dijo, como si sólo un tonto no pudiera distinguir la diferencia—. Era el buen cristiano de Nathan. Ya sabes cuánto lo indignan nuestras costumbres malgaches.

Magda sabía que antaño ella también habría tomado estas cosas de los espíritus como patrañas de los paganos. ¿Pero qué otro recurso le quedaba? El mundo se había reducido a esta sola isla flotando en medio del océano, regida por costumbres y creencias tan antiguas como el mar.

—¿Pero cómo sabremos...? —empezó a decir Magda.

—La *tromba* es malgache, Magda-*ala* —dijo Tamo, con voz pausada, paciente, condescendiente—. Así que hablará en malgache, ¿no crees?

—Pero Nathan *jamás* habla en malgache.

A diferencia de Magda, Nathan nunca se había tomado la molestia de aprender el idioma de los nativos, como esos viajeros que no deshacen las maletas por miedo a tener que quedarse en el lugar. ¿Qué tan probable era que de pronto abriera la boca para expresarse en malgache? Magda ansiaba tener fe en el *ombiasy*. Necesitaba creer que sus profecías se cumplían, que su magia era efectiva. Pero a fin de cuentas, como sostenía Nathan, era un pagano primitivo, un impío, un idólatra. Quiso rezar y confiarse a Jesús; si hubiera estado su padre con ella, eso es lo que le habría aconsejado. Pero las plegarias de nada sirvieron cuando su padre estuvo enfermo, cuando agonizaba.

Antaño se hubiera contentado con sentarse a esperar, con las manos sobre el delantal, resignada a la voluntad de Dios. Pero eso era antes de que el *ombiasy* le dijera que sería fuerte y feliz. Fuerte y plena. Fuerte. Fuerte. Fuerte.

Mientras velaban aquella larga noche de fiebre ininterrumpida de Nathan, colosales mariposas nocturnas testereaban la linterna, proyectando en la cabaña sombras grotescas. Y Magda confió a Tamo-el-hijo-del-doctor todo aquello que no se había animado a decirle a Tamo-el-pirata. Le contó cómo su madre se había visto forzada a casarse con Sansón para protegerse de los otros hombres que codiciaban el tesoro de Thomas White; del odio que había albergado la princesa hacia Thomas White por arrebatarle a su único hijo; de cómo odiaba a Sansón de igual manera.

El muchacho la escuchó y enterarse de aquello lo conmovió hasta las lágrimas, aunque Magda, en un principio, no reparó en que estuviera llorando. Tamo no era occidental: no arrugaba la cara en gestos horribles haciendo un esfuerzo por contener las lágrimas, las dejaba escurrir libremente por sus mejillas.

Envalentonada, Magda confió a Tamo el último de sus secretos: cómo su madre había ocultado a Sansón la existencia del mayor de los tesoros de Thomas White: el barco de hierro.

—¡Un barco de hierro! —repitió, al darse cuenta de que a Tamo no le producía mayor impresión—. ¿De verdad existirá algo así?

—Lo recuerdo —dijo Tamo indiferente—. Recuerdo que mi pa... que White hablaba de él. Una armadura de hierro para mantener a raya la broma... ¿Qué fue de él?

—¡Está a mitad de camino hacia Tamatave! La princesa Andriamahilala dice que es nuestro… *ejém*… que es mío. No quiere que vuelvas a marcharte de Madagasikara. ¡Pero qué tal si la llevamos con nosotros! ¡Vámonos de aquí! ¡Empecemos de nuevo! ¡Vámonos a Zanzíbar, por ejemplo, o a Mafia!

Su arrebato no entusiasmó a Tamo. El rostro del muchacho lucía pensativo, sus ojos devolvían el reflejo de la linterna. Ni cuando las mariposas nocturnas se posaban en sus mejillas para lamer la sal, hacía ademán de ahuyentarlas.

Cuando se percató de que Magda no le quitaba los ojos de encima, ardientemente esperanzada, pareció sopesar las confidencias que le había revelado la muchacha y decidió corresponderle.

—Sheller no tarda en llegar por estas costas —dijo—. Sansón me lo dijo hace rato. Este mes. Si viene Sheller, quizá traiga quinina.

—¿Vamos a comprarle algo a ese hombre? —se indignó Magda, pero su corazón latía más fuerte ahora que se renovaba la esperanza de conseguir medicina para su hermano—. ¿Tú crees que nos la venda? Lo hicimos quedar como un tonto. Nos odia.

—Es un hombre de negocios. La simpatía no pinta para nada. Había una sombra de duda en su voz. Apretaba en el puño el amuleto del pájaro cúa que el adivino le diera. Se arrodilló, echando el cuerpo hacia adelante, hasta que estuvo encima de Nathan.

—¿Tromba? ¿Inona no vaovao? Fiharabana. Mihaino aho.

Pasó media hora gritando en las narices de Nathan. Cuando por fin se cansó, Magda tomó el relevo.

—¡*Tromba!* ¿Qué es lo que pretendes? ¿Qué tienes que decir? ¿No vas a hablarnos, *tromba?*

A fin de cuentas, se dijo, Jesucristo había echado a los demonios.

Parecía ser la única alternativa, además de enfrentar al malévolo Sheller. Quizá Sheller no viniera. A no ser que, por alguna fantástica coincidencia, arribara esa misma noche, llegaría demasiado tarde. Podría haber naufragado; quizá había cambiado su ruta; a lo mejor se había retirado a disfrutar de su fortuna. O bien, cuando llegara, elegiría sin más trámite vaciar sus pistolas en aquellos tres que lo habían hecho pasar vergüenzas y perder ganancias en Tamatave. Así que optaron por negociar y suplicar al espíritu de la malaria que hablara y saliera del cuerpo de Nathan Gull.

Cercana la madrugada, el sudor afloró en el rostro de Nathan, como si fuese un nadador que acabara de salir a la superficie. Su cabello se oscureció. Ante los ojos de los chicos, se tiñó de negro por el sudor y escurrió lágrimas saladas en la almohada. Luchó por desembarazarse de sus cobijas como si fuese una partida de piratas y cuando Tamo las apiló de nuevo encima de él protestó a gritos. Imposible saber si la palabra que articuló era inglés o malgache: los nombres son los mismos en distintas lenguas. El hecho es que Nathan abrió los ojos, vio la silueta oscura de la cabeza de Tamo inclinada sobre él, distorsionada por la luz de la linterna hasta darle la forma de una pala, y gritó:

—¡Sheller!

—¡Pero si ya no hace ninguna falta! —repetía Magda por milésima vez, mientras Tamo izaba la bandera negra en el astabandera erigido en lo alto del acantilado—. ¡Nathan se pondrá bien! ¡Pronto va a curarse! ¡Podremos ir a buscar el barco de hierro y huir! ¡Sheller ya no nos hace ninguna falta!

Pero Tamo se limitó a decirle que el *tazo* no abandonaba a un hombre como si fuese la viruela o un calosfrío. Una vez que el *tazo* entraba en la sangre, volvía como un fantasma empecinado en asolar una casa. Y con cada nueva visita el fantasma zarandeaba y debilitaba un poco más la construcción.

El propio Nathan era de la opinión de que no debían convocar a Sheller; que jamás debió ocurrírseles la locura de llamar a Sheller. Pero no había manera de disuadir a Tamo de seguir adelante con su plan, habiéndolo consultado. Pidió su parecer al rey Sansón y el jefe pirata accedió a contar con un traficante. De hecho, a Sansón cada día le parecía una mejor idea, luego de pensar en algunas cosas que le gustaría comprar. Al final resultó que aunque Tamo le hubiese suplicado y rogado que arriaran la bandera, Sansón no lo habría consentido. Después de todo, él no tenía por qué tenerle miedo a Sheller.

—No hay mal que por bien no venga —le dijo Tamo a

Magda—. En cualquier momento Nat puede caer enfermo y su constitución no es fuerte. Necesita la quinina; además, ¿quizá sea otro traficante el que venga.

Sin embargo, Magda tenía la peregrina impresión de que Tamo *quería* que Sheller viniera.

La espera pareció durar una eternidad. Pasaron tres, cuatro, cinco semanas entre desear que llegara y temer su llegada. La bandera negra colgaba lacia en el asta, en señal de que había interés en comerciar. Quizá se acercara otro traficante. A lo mejor un extranjero les traía el vino y el tabaco y el mercurio y los clavos y las Biblias que querían. Y la quinina.

Pero Magda tenía la íntima certeza de que sería Sheller. Había una suerte de *fady* en el arribo de aquel hombre. El destino exigía que los sucesos completaran su círculo. Los balleneros de Zaotralana se decían capaces de olfatear a las ballenas mucho tiempo antes de avistarlas; Magda casi podía oler a Sheller: algo acre, descompuesto, flotaba en el aire. Llegó en la tercera semana de julio. Ancló en la bahía y desembarcó en una chalupa; era fácil reconocerlo. La chaqueta roja era nueva, con aplicaciones de encaje dorado en las carteras de los bolsillos y alrededor de los puños. Pero se cubría con el viejo tricornio, deformado por la humedad del aire salitroso hasta darle el aspecto de un cebú de cuernos retorcidos. Una faja de terciopelo verde sostenía un par de pistolas, tocándose por el cañón, en el arranque de su panza. Las vueltas de sus botas eran absurdamente amplias, holgadas como bajantes de agua, y se había hecho de un sabueso lobero irlandés, grande como un caballo, para protegerlo de su clientela.

El rey Sansón le dio la bienvenida. Se saludaron con exageradísimos gestos y rebuscadas demostraciones de amistad tan ritualizados como cualquier baile. Sansón se había ataviado con pantalones bombachos, un turbante de brocado de oro y una chaqueta cortada de una alfombra persa. Como dos pavorreales con plumaje de cortejo o dos matronas en un baile provinciano, rivalizaban por demostrar su estatus social.

Pero se habían olvidado de Tamo White.

Llegó precedido de un redoble de tambores, como hacen los

piratas cuando han capturado un barco. Los tamborileros no estaban a la vista sino ocultos entre los árboles; eran nativos tocando sus tambores nativos. Magda le había cosido una chaqueta de parches de seda color fuego, con complicados dibujos amarillos teñidos con los estambres de azucenas exóticas. Del cuello y los puños brotaba una espuma de encaje blanco y ceñía su largo cabello con un ancho lazo negro cuyas puntas restallaban tras él movidas por la brisa marina. Lo seguía Magda, vestida con una larga túnica de seda amarilla y con el pelo recogido en un chongo; iba desnuda de todo ornamento salvo por un silbato de oficial robado que en ese momento sopló con un largo silbido bitonal como el usado para dar la bienvenida a bordo a un almirante. Los tambores callaron.

Al ver a Tamo y a Magda, a Sheller se le congeló la sonrisa en el rostro y las cachas de sus pistolas giraron un poco cuando contrajo los músculos del estómago conteniendo su rabia.

—Vaya. Conque el árbol familiar ha florecido. Es la demostración de lo que siempre he dicho: de un salvaje no puede hacerse un caballero cristiano.

—Thomas White tenía pocas luces y cero educación, tutor —repuso Tamo—. Pero en cambio me enseñó el valor exacto de un caballero cristiano como usted.

Los ojos de Sheller se hallaban ocultos, como de costumbre, bajo la sombra de su tricornio, pero Magda sentía su mirada sobre ella: poco faltaba para que la mala leche chamuscara su vestido. Su corazón latía tan fuerte que notaba cómo la seda amarilla saltaba con cada latido. Optó por dirigir la mirada al perro y fingir desinterés, como dando a entender que esos juegos de niños la tenían sin cuidado.

—¿Dónde quedó el otro escolapio? —preguntó Sheller burlón.

—Mi lugarteniente murió —dijo Tamo.

El rey Sansón apenas parpadeó por la sorpresa. Era un veterano de la mentira, y si un hombre se había propuesto mentirle a un traficante, seguramente había una muy buena razón para ello. (Contramaestre captó de inmediato el motivo de la mentira: si Tamo dejaba entrever que la vida de su lugarteniente dependía de la quinina, el precio de la quinina se duplicaría al momento.)

Tamo decía:

—Los negocios no corren ninguna prisa, tutor. Tengo la certeza de que la amable señora del rey Sansón tendrá algo preparado para agasajar al capitán Sheller y a su tripulación. No les caerá mal algo refrescante después de tan arduo viaje.

—¡Por el contrario! —declaró Sheller radiante de júbilo, tomando la delantera en el trato—. Jamás como mientras tengo que servir al Señor. La hospitalidad puede ser mortal. ¡Vayamos al punto a lo que me trajo! ¿Has prosperado, Sansón, desde que el huracán te dejó sin techo? ¿Violar el octavo mandamiento te ha reportado suficientes tesoros para compensar a tu alma inmortal?

Descubrió a Charles Hardcastle, quien fuera su piloto, y lo saludó, jovial:

—¡Pierda cuidado, señor Hardcastle! He dado parte a la marina de su cambio de profesión, señor. Me confirman que si llegase a poner un pie en Inglaterra, en el muelle de ejecuciones lo aguardan cadenas y alquitrán en cantidad suficiente. ¿Acaso le gustaría que pasara a visitar a su querida esposa para darle sus bendiciones, la próxima vez que toque tierra?

Hardcastle profirió un rugido y se le echó encima a Sheller, fuera de sí, jurando darle muerte. El perro saltó hasta tensar la cadena de castigo y sus ladridos inundaron la aldea. Contramaestre reaccionó con celeridad y le metió el pie a Hardcastle, de modo que éste cayó despatarrado justo bajo las fauces del perro; gracias a que se encogió y rodó hacia el interior oscuro de la cabaña comunal, Charles se salvó de ser mordido. El perro continuó con sus ladridos.

Una parte del botín era "propiedad comunal", como gustaba de llamarla Sansón, reservada para la compra de enseres indispensables. Con ésta, el rey Sansón procedió a comprar ron y cerveza para regalar a sus súbditos, y varias barricas de vino fino para él. El sol caía a plomo. Sus hombres se impacientaban. Traían las uñas sucias de rascar en sus escondites y, como niños que han recibido su domingo, estaban ansiosos por comprarse algo.

Tamo esperó a que todos hicieran sus ofertas.

El rey Sansón se compró un aguafuerte del castillo de Windsor: aun le satisfizo el precio. Pero poco a poco Sheller iba dejando ver el verdadero costo de sus servicios. El precio del ron subió de dos a cuatro guineas por galón; el jerez, a trescientas libras la barrica. La onza de mercurio costaba seiscientas libras. Una piedra de amolar fue canjeada por una docena de platos de plata; una bolsa de clavos, por una bolsa de piedras preciosas. Los piratas sacaban sus tesoros para sufrir el escarnio de Sheller, y bajo la brillante claridad del día la pedrería robada *parecía* oropel: baratijas sin valor.

Repetidas veces Sheller buscó a Tamo con la mirada, esperando ver si ofrecía, pero Tamo permaneció recargado contra una palmera, como si todo aquel circo le resultara aburrido e indigno de él. El traficante estaba picado e intranquilo. ¿De verdad el infeliz no querría nada? En tal caso, Sheller tendría que pensar en otra manera de cobrar venganza. Le quedaba el recurso de pedir la vida de Tamo a cambio de alguna mercancía vital; ¿qué tal la cabeza del rapaz a cambio de una caja de balas de mosquete? La obra del Señor sería cumplida en un titilar de cuchillos. Pero la maniobra era peligrosa. Sheller quería a sus clientes ocupados en comprar, no en una degollina. Nunca se sabe dónde para una matanza. Para entonces, ya los piratas de Zaotralana empezaban a maldecirlo a él y a sus elevadísimos precios.

—¿No hay nada que el joven Thomas White apetezca comprar? —preguntó por fin Sheller.

Tamo se limpió de la lengua unas briznas de coco.

—Quiero quinina, si trae —dijo sin darle importancia—. Para proteger a mi tripulación, ¿entiende?

Sheller talló una contra otra sus gruesas piernas en un paroxismo de júbilo. Su semblante cambió por completo. Pareció hincharse con la sensación de triunfo.

—¡Ah! Así que tenemos malaria, ¿no es verdad, cariñito? "En la enfermedad no buscó al Señor sino a los médicos". Sí, tengo quinina, si te alcanza para pagarla.

Muchos de los hombres de Sansón padecían también de malaria, en mayor o menor grado. Empezaron a pedir:

—Yo quiero un poco. ¿Cuánto?

Pero Sheller los ignoró. No quitaba la vista de encima a Tamo White.

—¿Y, con perdón, qué tiene don Thomas que ofrecerme a cambio de una pinta de quinina?

—Una brújula con suspensión de Cardán de marfil —ofreció Tamo.

—Ya tengo una brújula. No me interesa una brújula.

—Setenta talentos de oro, entonces —dijo Tamo.

—Setenta mil, querrás decir —repuso Sheller.

Un murmullo recorrió la multitud. Casi nadie, hasta entonces, había notado que Sheller y White se conocían. Ahora se daban cuenta de que tenían una cuenta pendiente.

—¡Yo también quiero quinina! —gritó un hombre suplicante.

—Tengo muchas otras mercancías, además de oro —dijo Tamo—. Quizá lleguemos más pronto a un acuerdo con base en el trueque.

Sheller pareció considerar esta propuesta. Por fin dijo:

—Se dará cuenta, don Thomas, que mi precio tiene un *recargo;* un impuesto por adquisición, cabría decir. Una multa, para compensar pérdidas anteriores atribuibles a usted.

—Eso pensé —repuso Tamo—. Pero, *enfin,* usted es un hombre de negocios, un negociante. No concibo que desprecie una utilidad en aras de viejas rencillas que son cosa del pasado.

—Yo no las he olvidado —dijo Sheller.

El perro, a su lado, emitió un gruñido. Todos los presentes también se agitaron incómodos. Estaban familiarizados con Sheller-el-insaciable, pero nunca antes habían visto a Sheller-el-vengativo.

—Hay cierta deuda pendiente entre nosotros, cariñito —dijo Sheller, en un exabrupto apenas disfrazado de risa—. Páguemela, y yo le regalo la quinina. Hubo cierta pieza que yo tenía planeado vender, allá en Tamatave. La había traído en un largo viaje desde Inglaterra. Pero usted me la robó, señor. Y no fue poco el daño que infligió a mi reputación profesional. Usted *sustrajo* esa pieza de mi barco.

Magda dejó de mirar al perro y encaró directamente a Sheller.

—Devuélvamela y la quinina es suya. Vamos. Aquí sobran compradores para la mercancía a la que me refiero, señor. Siempre hay compradores dispuestos y aguardando una oferta especial como ésa. ¿Qué me dice, entonces, don Thomas? Devuélvame a la señorita Magda y cerramos el trato.

Magda gritó, pero el sonido que emitió fue parecido al ruido del silbato. Tamo la asió por la muñeca para evitar que escapara. Sus dedos dejaron cardenales en el antebrazo de la muchacha. Ella se volvió a mirar a Tamo y se percató de que él había sabido desde un principio lo que Sheller iba a pedirle; lo había previsto y no le causaba mayor aflicción.

¿Y? Su madre había sido vendida a los piratas por su padre, ¿no? Los malgaches acostumbraban esa clase de tratos. Quizá para ellos las mujeres no eran, a fin de cuentas, sino objetos para comprar y vender.

Magda aún se debatía, tratando de soltarse de la mano de Tamo. Tamo se le quedó mirando hasta que, en medio del forcejeo, sus ojos se encontraron.

—¡Ya sabías que iba a pedirte eso! —le espetó ella—. ¡Ya lo sabías!

—Sabía que iba a pedirme eso —dijo él—. Pero sé que hay algo que le interesa más. Confía en mí.

Tamo acomodó el encaje de los puños de su flamígera chaqueta de seda y se apartó de la palmera.

—La señorita no está, ni ha estado nunca, en venta. Pero me parece que tengo mercancía que usted no objetará en considerar de igual valor, capitán Sheller.

La sonrisa de Sheller se había convertido en un rictus que embrollaba sus palabras.

—Lo dudo, don Thomas. Poco tiene usted que me interese más que una comezón que se me antoje rascarme. Dígame cuál es esa *mercancía.*

Tamo aspiró profundamente.

—Un barco, Sheller. Un barco recubierto de hierro. El mayor tesoro y el más valioso premio del finado capitán Thomas White, y el navío más moderno que ha surcado los mares. Un barco, capitán, a prueba de broma. ¿Y cuánto daría cualquiera de nosotros por algo así, capitán? ¿Un barco a prueba de broma?

El barco de hierro

—¿Qué te has creído? ¡No tienes derecho! ¡No es tuyo! —Magda golpeaba a Tamo en los hombros mientras lo seguía a pie—. ¡Fue un regalo para mí, no para ti! ¡Tu madre me lo dio a mí!

—Estate en paz, muchacha —repuso Tamo—. Cálmate.

—¿Un barco a cambio de una pinta de quinina? ¿El barco que pudimos usar para escaparnos de aquí?

Tamo se dio vuelta tan de repente que la muchacha chocó contra él.

—¿Y qué te hace suponer que yo comparto tu anhelo de huir de aquí a algún otro sitio más "civilizado"?

—¡Debiste preguntarme! —insistió ella, empujándolo del pecho.

—¿Preguntar? ¡¿Preguntar, dices?! ¿Le molestaría alcanzarme la mermelada de ciruela, por favor, señora? ¿Señora, podría tomar su barco, por favor? ¿Y qué? ¿Pensabas hacerte a la mar tú sola? ¿Levar el ancla? ¿Izar las velas? ¿Ser capitán y grumete y tripulación? Por favor, no ignores tus límites, Magda-*ala*. ¿Así que estás dispuesta a cambiar una brújula por la vida de tu hermano, pero no un barco?

—¡Oh!

Tamo tenía pensado embarcarse en el *Ternura*, él solo con Sheller, y navegar por la costa hasta encontrar el barco de hierro. Una vez ahí, Sheller seguramente dividiría a su tripulación y llevaría el barco de hierro a Zanzíbar para reclutar más marineros, mientras el *Ternura* volvía a Zaotralana para dejar a Tamo. Pero Sheller insistió en que Magda y Hardcastle también formaran parte de la expedición y Tamo no encontró la manera de negarse.

Aunque Sheller no escatimó muestras de desconfianza y burla, creyó la historia del barco de hierro. Es más, *sabía* de la existencia del barco de hierro; recordaba mejor que Tamo con cuánta fanfarronería Thomas White afirmaba tener escondido en un fondeadero secreto un barco con armadura de hierro. Si hubiese vivido un mes más, White habría encontrado un comprador para su barco de cedro y se habría hecho a la mar en su nueva maravilla de hierro. Lo que ocurrió fue que el hombre, aquejado ya por la diarrea, se había puesto grave inmediatamente después de embarcar a su hijo rumbo a Inglaterra, llevándose a la tumba (es lo que a la sazón pensó Sheller) el secreto del barco de hierro. Sheller y una docena de capitanes habían registrado la costa, tanto al norte como al sur de Tamatave, en busca del navío, sin éxito. La exuberante orografía de Madagasikara podía ocultar las Siete Maravillas del Mundo en un solo pliegue de su falda verde.

Se olió una trampa. Sospechaba de un intento infantil de Tamo para asesinarlo. Pero Sheller se pensaba más astuto que cualquier mestizo salvaje. Además, creía en el barco de hierro; tenía que ser suyo, aun a costa de fingir cortesía con ese muchacho malcriado, arrogante y mañoso. Por otro lado, como también venía la chica, eso le daba una tensión adicional al asunto. Además... los planes acordados entre ambos no eran necesariamente los que Sheller tenía en mente llevar a cabo. El rey Sansón se sintió marginado. Ni idea tenía de la querella entre Tamo y el traficante. Tamo debió ponerlo al tanto, pensaba resentido. Nada sabía tampoco del barco de hierro. Su esposa tendría que haberle contado esa historia. De regreso en la penumbra de la cabaña comunal, con una mano desenvainó su espada, mientras con la otra se desceñía el talabarte, dejando caer en torno suyo sus varias armas. Sus pantalones bombachos se le escurrieron hasta quedar atorados en su cadera. Dalila le había ocultado el secreto del barco de hierro, pero se lo había revelado al malcriado de su hijo. De modo que ahora Sheller se quedaría con el navío cuando desde hacía siete años, él, Sansón, debió haber surcado los mares a bordo de él. Su mujer tenía que pagar por esa infidencia, por una traición así. Que rezara el Padre Nuestro e invocara a todos los profetas: ya nada podría salvarla. No sería la primera vez que la golpeaba; pero esta vez acabaría con ella por haberlo despojado del barco de hierro de White.

Pero Dalila no estaba en la cabaña. Aunque arremetió con la espada y azotó con el talabarte todos los resquicios oscuros, Dalila no apareció. Pilas de vasijas de cobre y tiestos de barro rodaron a sus pies, pero su esposa no apareció. Estaría lavando ropa o descascarillando arroz o desenterrando camotes. La esperaría. Ya volvería. Y entonces…

Cuando se servía una copa de vino, Contramaestre entró sin hacer ruido; sus ojos relumbraban en lo oscuro.

—¿Ha visto a la reina, Contramaestre?

—No, majestad.

—Del barco ése, yo no sabía nada.

—Ni yo, majestad.

—Me disgusta eso.

—Eso es *lèse majesté* —dijo Contramaestre.

—¿Ah sí? ¿Cómo dijiste?

—Fue una falta de respeto hacia su real investidura, majestad.

—¡Ah! ¡Exacto! ¡Ajá! Bastante. Mucha.

—Además, el barco de hierro es suyo, majestad, por derecho matrimonial.

—¡Sí! —repuso Sansón—. ¡Ya lo sé! —arrojó a un lado el turbante y se talló la calva. Seguía sin ocurrírsele cómo recuperar su propiedad robada—. He estado pensando cómo convendría poner las cosas en su lugar, Contramaestre...

—¿Por qué no envía un embajador para que esté presente y actúe en su nombre y representación? —sugirió Contramaestre.

—¡Ajá! ¡Sí! Tú ve. ¡Tú embárcate con ellos y ves qué podemos hacer!

—Muy bien, majestad. Excelente idea.

—Ey, Contramaestre...

—Sí, majestad.

—Degüellas a unos cuantos en mi representación.

—A sus órdenes, majestad.

Nuevamente a solas, el jefe pirata meditaba sobre la desagradable naturaleza de sus compañeros. Indignos de confianza, codiciosos, egoístas. Se sentía afligido. En el centro de la cabaña hervía un caldero con un cocimiento de tasajo, mandioca y cerveza, preparado para Sheller y su tripulación. El muy patán se había dado el lujo de despreciar la hospitalidad de Sansón, pensó el pirata. El rey cogió un cuenco hecho con la mitad de un guaje y cuchareó una ración. Primero tomó con los dedos las tiras de tasajo y se las comió; luego se echó al gollete el caldo, chorreándosele por su brocado de oro. La traición de Dalila, el engaño de Tamo, los sobreprecios de Sheller. Aquello lo deprimía hondamente. Y cuando estaba deprimido, le daba por comer. Y por beber. Sansón llenó de nueva cuenta el cuenco en el

caldero y destapó otra barrica de vino. No le quedaron ánimos más que para decir:

—Gracias a Dios que existe Contramaestre.

Nathan temblaba. Sentía la malaria en su sangre, como hueva en un arroyo a punto de hacer eclosión.

—¿Todo esto es por culpa mía y yo tengo que quedarme aquí? —preguntó, esforzándose por entender.

—Sheller cree que has muerto.

—Tiene los mismos planes para ti, Tamo. En cuanto estén a una legua de la costa te volará la cabeza.

—Entonces no podrá encontrar su preciado barco.

—Tú tampoco. ¡No sabes siquiera dónde buscar!

—Mi madre me describió el lugar. Me lo describió como White se lo describió a ella. Claro que si mi madre cae en manos de Sheller no tendrá necesidad de mí. Por eso le dije que se fuera; que se escondiera.

—¡Sí, pero no tienes más que una descripción! ¡Y han pasado siete años! —protestó Nathan—. ¡La costa habrá cambiado completamente! ¡Los huracanes! ¡Las marejadas! ¿Qué tal si alguien lo encontró y se lo llevó? ¡Seguramente los tornados lo han desmantelado! Es una locura. Eres un tonto, Tamo. Y todo para qué. ¿Por una pinta de quinina? ¿Así de loco era tu padre?

Magda dio un respingo. De nuevo aquella mentira, acechándola en cada recodo.

Con gran cuidado, Tamo volteaba su chaqueta de seda y la enrollaba en rafia para protegerla de la polilla.

—Mi padre —dijo, transformándose una vez más ante los ojos de los hermanos en un nativo malgache—. Mi padre fue médico de a bordo. La salud de esta aldea depende de mí.

—¡Ah! ¡Ya comprendo! ¡Ya comprendo! —chilló Magda presa de la histeria, poniéndose de pie de un salto, mientras la rabia y el horror la hacían perder la compostura—. ¡Ahora quiere curar a cinco mil con cinco hogazas y una pinta de quinina! ¡Ponte listo, Nat! ¡La era de los milagros ha llegado! —y salió hecha una furia, cortándose con la quincallería de recortes que colgaba obstruyendo el sendero.

Se hicieron a la mar la mañana siguiente. Durante el viaje hacia el Norte, Contramaestre llamó aparte al capitán Sheller y le hizo una propuesta.

—Una vez que haya tomado posesión del barco de hierro, señoría, requerirá un nuevo patrón para el *Ternura*.

—Tengo un maestre que se puede hacer cargo —repuso Sheller con reticencia.

—Y yo estoy seguro de que debe ser un hombre de primera. Pero yo soy mejor. Y he decidido dejar mi empleo con el señor Sansón —repuso Contramaestre, tras el afilado pico de su nariz—. Comienzo a pensar que debo… enmendar mi vida.

—¡Ajá! Un arrepentido —comentó Sheller escéptico.

—Nooo. Pero reconozco el error de trabajar para un marino de agua dulce como Sansón.

—Me pregunto por qué a un hombre con su… personalidad, no se le ha ocurrido pasarlo a cuchillo en estos cinco años.

—¿Para qué? ¿Para tomar su lugar y que alguien haga lo mismo conmigo? Nooo. En mi calidad de contramaestre me he mantenido a salvo de los pistoletazos. Pero con un barco mío… quiero decir, con el mando de un barco, podría darle a ganar una buena suma al propietario… y dejarlo en libertad para hacer lo propio.

—¿Tú, el capitán del *Ternura*?

—Me pregunto por qué a estas alturas no es usted dueño de una flota entera de barcos de aprovisionamiento —dijo Contramaestre obsequioso—, siendo un hombre con tanta habilidad para este negocio. Sí, señor. Bien que podría yo dejar atrás una vida dedicada al crimen para consagrarme al comercio, al mando de uno de sus barcos.

Sheller resopló por la nariz; pero en el fondo no estaba lejos de aceptar. Contramaestre tenía más en el caletre que diez "Sansones", y el hombre no tenía punto débil: no era un marino supersticioso, no era adicto al opio ni a la bebida, no era un sentimental, no tenía problemas de conciencia. Quizá, a fin de cuentas, sí aceptara darle el mando del *Ternura* a Contramaestre.

—Bien. He aquí un reto para su iniciativa, señor... —Sheller aguardó a que Contramaestre dijera su verdadero nombre, sin resultado—. ¿Qué sugiere usted que haga con el señor Tamo White, el señor Hardcastle y la chica, una vez que me hayan llevado hasta el barco de hierro?

Contramaestre alzó la vista al cielo.

—Mate a uno y venda a los otros dos —repuso sin turbarse.

Sheller asintió despacio. Sí, tendría en cuenta a aquel hombre. Le regocijaba particularmente la idea de vender al piloto dos veces, en dos puertos distintos.

—Tengo hambre, Contramaestre. Los negocios siempre me despiertan el hambre. Tenga la gentileza de preparar algunas raciones. Jamás como en tierra.

—Bien pensado, señor.

—Ah, qué pérfido mundo, éste en el que vivimos, Contramaestre —comentó Sheller con voz lúgubre—. Recorro medio globo trayendo a estos hombres lo necesario para vivir, y estos mismos ingratos pecadores están más dispuestos a envenenarme que a pagar un precio justo por mis mercancías. Dígame si no es verdad.

—El puchero fue envenenado en prevención de su llegada, señor, así es —adujo Contramaestre con un extraño brillo en los ojos—. Fue el mismo Sansón quien dio la orden anoche, bajo los efectos de la bebida. Me atrevería a jurar que hoy ya no recuerda nada.

Los ciclones habían pelado los acantilados y arrancado árboles tan grandes como faros. Los manglares habían colonizado hectáreas enteras de mar y frondosas penínsulas verdes penetraban en el océano allí donde siete años antes no había nada. Hasta para el propio Tamo, la tarea de hallar el barco de hierro comenzaba a parecer imposible. "Tres salientes de granito —le había dicho Dalila—, el tercero con un pico, como un pájaro. Y un espigón con forma de cocodrilo, detrás del cual crece un platanar."

Por doquier, arroyos de agua dulce desembocaban en el mar, dando al lapislázuli intenso del agua un tinte más claro, aturquesado. Había salientes de granito por docenas y, esforzándose un poco, era posible imaginar en sus rasgos angulosos los de cualquier especie de animal o pájaro. ¿Cómo era posible que un espigón pareciera un cocodrilo? En el transcurso de siete años los lugareños pudieron haber encontrado, vendido, aprovechado o desmantelado un barco de hierro, desde el mastelero hasta el tajamar.

Se habían formado nuevas barras de arena, haciendo de los mapas existentes un galimatías y, durante la travesía, Hardcastle se dedicó a anotar y enmendar de mala gana los que llevaba: no conseguía deshacerse de la costumbre. La angustia que le provocaba estar tan cerca de Sheller y no animarse a tomar venganza le deformaba el rostro en un rictus, y se mordía los labios permanentemente, royendo la piel alrededor de las llagas que se le habían formado. Las manos le temblaban mientras hacía anotaciones en los mapas, y bostezaba todo el tiempo, como ocurre a veces con los que tienen miedo.

—Perdónenme —dijo Tamo en tono abatido a Hardcastle y a Magda—. De verdad no conté con que Sheller los obligara a venir.

—Pero eso era previsible —repuso Hardcastle molesto—. En cuanto tenga el barco pretende matarnos a los tres.

Tamo le reprochó con la mirada hablar de esas cosas enfrente de Magda. Pero Magda lo descubrió.

—¿Cree usted que yo lo ignoraba, señor White? Para mí ha estado todo el tiempo tan claro como el día en que su plan se fue al cuerno. Supongo que habrá creído que usted solo lograría arrebatar este barco a Sheller y a sus veintitantos tripulantes, y luego lo arrojaría por la borda en las fauces de algún monstruo marino, como a Jonás, y se apoderaría de su botiquín y sus instrumentos de cirugía para convertirse en el san Lucas de las rutas de navegación.

—El sarcasmo no le sienta bien, señora —repuso Tamo fríamente—. Me doy cuenta de que habría preferido que yo siguiera…

—¡El cocodrilo! —clamó Hardcastle.

Miraba ante sí un promontorio de piedra achatado que interrumpía el patrón repetitivo del oleaje rompiendo contra una bahía poco profunda. El platanar que crecía en la cima del promontorio era silvestre, no un cultivo; no había ninguna aldea cerca. El agua al pie de la roca era de un azul pálido y lechoso, y una corriente extravagante o la caída de algunos peñascos había formado una cueva que abría su boca en dirección al mar. Justo como un cocodrilo con el hocico abierto.

—¡Tres salientes de piedra! ¡Miren! ¡Uno con un pico de pájaro!

—¡No, no! ¡Tendría que ser el último! —susurró Tamo, mordiéndose los nudillos por la angustia de la incertidumbre—. No, no.

—¡*Sí*! Tu padre… ¡White debió venir desde el Norte! —exclamó Magda—. Procedente de Tamatave. Desde esa dirección, el pico quedaba en este extremo. ¡Éste es el sitio, Tamo! ¡Has encontrado el lugar donde él ocultó el barco!

Desde el puente, Sheller los espiaba, como un halcón, en espera de alguna señal de que reconocían el lugar. Al advertirla, sintió arderle en el estómago una emoción que hacía años no experimentaba.

—¿Es aquí? —gritó.

—Aquí es —contestó Tamo.

Contramaestre y el primer oficial estudiaban la caleta a través de un catalejo.

—La bocana está obstruida por el manglar —dijo Contramaestre.

—La limpiaremos a cañonazos —dijo Sheller, tirando un puñetazo a la distante costa, movido por la codicia de saber que el barco estaba ahí escondido.

—Primero mi quinina —dijo Tamo, subiendo al puente.

—Primero mi barco, cariñito —le gruñó Sheller en la cara, y lo tumbó de la escalera de un puntapié.

Apenas cargaron y echaron al agua la chalupa, un enjambre de tábanos llegó procedente del manglar y los rodeó con su clamor sediento de sangre.

—País endemoniado —farfulló Sheller, cerrándose con la mano el cuello alrededor de la garganta y espantándose los tábanos con el sombrero.

Él y Contramaestre se dirigieron solos a la costa, unidos por cuerdas de mutua desconfianza que no les permitían perderse uno al otro de vista. Todos los marineros a bordo del *Ternura* se acodaron sobre la barandilla, intrigados por averiguar si el barco de hierro existía o no.

—Es hora de marcharse —dijo Tamo a sus compañeros.

—¿Qué?

—Es hora de abandonar el barco. Retirarnos. Descolgarnos por la borda.

Hardcastle echó la cabeza hacia atrás en un espasmo de pánico que se había vuelto reflejo. Sus ojos se movían de uno a otro lado debajo de los párpados entrecerrados; era un hombre minado por meses de terror y desesperación.

—Ah, vamos. Se trata ahora de nadar hacia la costa, ¿me equivoco? Y volver a casa a pie cruzando cincuenta kilómetros de selvas y pantanos y salvajes hostiles para toparnos con que Sheller está esperándonos para dar cuenta de lo que quede de nosotros. ¿Es éste su formidable plan, señor White?

Por su parte, Magda tenía la mente puesta en una sola cosa: tiburones, tiburones, tiburones.

—Bueno, cuando dije *marcharnos* —aclaró Tamo, esbozando de pronto una sonrisa diabólica—, me refería a *hacer* como si nos hubiésemos marchado. ¿Se aviene mejor esto con sus expectativas, señor Hardcastle?

Cogieron una cuerda de un cajón y la echaron por la barandilla de estribor, dejándola caer hasta tocar el agua. Mientras tanto, la tripulación de Sheller se alineaba en la barandilla de babor, señalando a lo lejos y apostando entre ellos sobre la existencia del barco de hierro.

Entonces Tamo, Magda y Hardcastle descendieron bajo cubierta y se ocultaron en las entrañas del *Ternura*.

La bodega estaba fría y rezumaba humedad. El entrepuente era traicionero, lleno de grilletes y cepos de hierro fijos donde Sheller aseguraba a sus esclavos para la travesía. El botín que los piratas de Sansón acababan de canjear por las vituallas de Sheller yacía retacado de piso a techo: una fortuna a cambio de unos cuantos víveres y parafernalia barata. Las riquezas de Zaotralana se sumaban al botín de otros asentamientos piratas más al norte, por donde Sheller había pasado ya.

—Este hombre debe ser tan rico como Creso —comentó Tamo.

Conforme se acercaban a proa, alejándose de las escotillas, la penumbra se cerraba más y más. En la oscuridad, Magda tropezó contra un bulto grande, blando y erizado de pelos, que se columpió alejándose de ella con un rechinido de cordaje. Pensó que era un ahorcado. Oyó en derredor suyo el rechinido de una docena de cuerdas, procedente del mamparo. Una bodega llena de ahorcados. La presión sobre sus pulmones le impidió gritar. Entonces cayó en la cuenta de que eran cadáveres de reses recién sacrificadas; carne fresca para proseguir el viaje.

Enseguida había un compartimento lleno de rollos de algo blanco, tan voluminosos como el tronco de un árbol; más adelante, donde el entrepuente era tan angosto que se vieron obligados a andar a gatas, un mar de octavillas cubría el suelo. Mientras se abrían paso hacia la bodega de proa, apretados uno contra el otro, Magda sintió que Hardcastle había llenado los bolsillos de su chaqueta y sus pantalones con hojas de papel, como si fuese un espantapájaros urgido de reponer su relleno. Cada quien tiene su idea personal de lo que es la civilización, concluyó. Para ella eran las agujas de tejer. Para Hardcastle, el papel. Acaso escribía mensajes para su esposa y los arrojaba al mar dentro de botellas.

Su escondite, la bodega de proa, era el esbelto hueco de la proa del navío, donde una simple pared de tablones dejaba pasar el ruido del lengüeteo del mar, unos treinta pies más abajo.

En cuanto se acomodaron, escucharon el ruido de pasos presurosos en esa dirección, justo hacia ellos, y pensaron que los habían descubierto. Pero quienquiera que fuese el que estaba ahí afuera, separado apenas por un mamparo del aliento contenido y los latidos estrepitosos de los fugitivos, se detuvo justo antes de la bodega de proa para batallar con algo voluminoso e incómodo. Sheller debió dejar instrucciones para que algo fuese acarreado sobre cubierta. El forcejeo, los gruñidos y las imprecaciones se fueron alejando poco a poco y el ruidoso silencio de un barco anclado volvió a reinar en el *Ternura*.

¡Pum!

El cañonazo sacudió a Magda como una patada.

—¿Qué fue eso? —preguntó Magda pescándose del brazo de Tamo.

—Es Sheller, abriendo un boquete en la raigambre del mangle. Si no hubiese encontrado el barco, no lo estaría haciendo. ¡Ahí estaba! ¡Era verdad, ahí estaba!

Magda soltó el brazo de Tamo. No entendía el entusiasmo del muchacho. Como si fuera él y no Sheller quien en ese preciso instante estuviera pisando el puente para asumir el mando de aquel reluciente barco plateado. Así lo imaginaba ella, como el bajel mágico del diablo de que hablaba la antigua balada:

Eran las velas de seda deslumbrante
los mástiles, de oro forjado...

Se oyó un batir de remos. La voz de Contramaestre resonó casi justo debajo de ellos.

—¡Al agua todos los botes! ¡Traigan cuerdas! ¡Todos a los botes!

Enseguida, la voz de Sheller.

—Tenemos que remolcarlo para sacarlo de ahí. ¡Cada hombre coja su remo!... ¿Dónde está ese malcriado de White?

Fue hasta entonces cuando los echaron de menos.

Los marineros descubrieron la cuerda colgando por el costado y algunas hebras de tela enganchadas a la barandilla. Fue exactamente igual que en Tamatave: una cuerda colgando en un costado; ningún otro rastro.

Sheller ordenó peinar el barco, pero sin mucha convicción: era evidente lo que había ocurrido.

—El diablo los confunda —exclamó Sheller—. Si piensan volver a casa cruzando esa selva, se arrepentirán de no haber permanecido a mi lado.

Estaba disgustado: una vez más, Tamo le robaba mercancía valiosa. Pero estaba tan obsesionado con el barco de hierro que acababa de encontrar y con hacerse a la mar en él, que no tardó en suspender la búsqueda inútil. Necesitaba a todos y a cada uno de sus hombres a bordo de los botes de remo, para sacar el navío a remolque desde su escondite hasta mar abierto.

El ruido de pasos fue ausentándose del *Ternura*. Todos los botes fueron echados al agua, todos los marineros se marcharon. En la oscuridad, los cadáveres se columpiaban y los tábanos, siguiendo el rastro del olor a sangre, se daban un festín en la oscuridad.

Tocar fondo

Pronto, los remeros se afanaban entre el manglar despedazado, tendiendo maromas entre el buque de hierro y los botecitos de remos que lo remolcarían fuera de su escondite.

Sólo entonces Tamo se escabulló fuera de la bodega de proa, subió a cubierta y cortó la cuerda del ancla del *Ternura*. La marea iba de salida. El velero derivó imperceptiblemente mar adentro; dejaron que las corrientes los condujeran lejos de las boquiabiertas quijadas de piedra del cocodrilo, hasta perder de vista el impasible pico-de-pájaro del saliente rocoso.

—Vendrá tras nosotros —dijo Magda, subiendo al puente detrás de Tamo—. ¿De verdad pretendes maniobrar esto tú solo?

Tamo había liberado la Biblia que Sheller guardaba dentro de su estuche de corcho entre los rayos de la rueda del timón, y ésta se había puesto a girar; a girar hipnóticamente, primero en una dirección, más tarde en la contraria, a medida que corrientes encontradas jugaban con el timón.

—Pueden ayudarme ustedes dos —sugirió.

Hardcastle bostezó descontrolado; su cabeza se empeñaba en afrontar en sueños el destino que Tamo les había impuesto, sin importar cuál fuese.

—Ahora veo que es el barco lo que querías, no la quinina —observó Magda—. Pero Sheller no nos dejará escapar.

—No quiero el barco —repuso Tamo, asiendo por fin la rueda que giraba y chupándose los dedos adoloridos—. ¿Para qué querría un barco el hijo de un doctor?

Magda no tenía cabeza para pensar en otra cosa sino en Nathan, abandonado en Zaotralana junto con el rey Sansón y una chusma de piratas; en su cabaña y sus animales, en el arroz que esperaba la cosecha y los melones que urgía sembrar.

—¿Vamos a volver a Zaotralana? Dime. Sheller vendrá inme-

diatamente tras de nosotros. Esta vez no descansará hasta tenernos en sus manos.

—¡Deja que lo intente! —la atajó Tamo—. ¡Ya verás!

Cuando, desde la toldilla del *Dama de hierro*, Sheller se percató de que el *Ternura* se soltaba del ancla, pegó tal rugido que los tábanos posados en su espalda alzaron el vuelo en nubes palpitantes. Su tripulación empuñaba los remos de los botes de remolque haciendo el máximo esfuerzo. El manglar arañaba pesaroso el casco de la embarcación, renuente a dejarla partir luego de siete años, y el navío avanzaba lentamente. Sheller injuriaba y lisonjeaba a sus hombres; a gritos profería amenazas y ofrecía recompensas si lo remolcaban hacia aguas abiertas a tiempo de emprender la persecución del barco robado.

Una vez en aguas profundas, Sheller maldijo a su tripulación por no hallarse a bordo, largando ya las velas. Abandonó siete botes de remo y a treinta hombres en la caleta azul lechoso que bordeaba el manglar, pues no quiso perder un segundo más en ir a recogerlos. Al salir de la caleta y dar un giro a favor del viento, el *Dama de hierro* aventó a un lado sus propios botes y los hombres que los tripulaban rompieron en lamentos:

—¡Espere! ¡Espérenos! ¡No nos dejen aquí!

Sheller se limitó a gritar más fuerte a la media docena de hombres trepados en los palos:

—¡Larguen ya los trapos y vamos tras ellos, punta de fregones!

Entonces las velas se desenrollaron. Luego de siete años de estar aferradas estrechamente alrededor de los palos, por fin eran desplegadas. Y cayeron en medio de un polvo de nieve, reducidas a jirones por la polilla y las hormigas tropicales.

—¡Toma! —mascullό Tamo triunfalmente—. ¡A ver ahora cómo mueves tu barco de hierro, Sheller!

Magda se abrazó al muchacho dando gritos de alegría.

—¡Ya lo sabías! ¡Lo supiste siempre!

Hardcastle manoteaba atontado con un catalejo, intentando afocar la cara infausta de Sheller para descubrir en ella la huella de alguna desgracia semejante a la suya. Cuando dejó caer el catalejo, sus ojos corrían una vez más de un lado a otro tras sus párpados entrecerrados.

—Él también lo previó. Llevó a bordo velas nuevas. Se ven claramente sobre cubierta. Sus hombres ya las están envergando.

Así que se lanzó tras ellos como una ballena herida. El casco no era plateado, como lo había imaginado Magda, sino del gris opaco y desteñido del plomo, erizado de remaches. Churretes rojo-sangre indicaban la oxidación de los clavos de hierro. La reducida tripulación de Sheller tardó medio día en aparejar todas las velas nuevas, pero incluso con media docena de trapos el *Dama de hierro* consiguió no perder de vista al *Ternura*. Ahora le ganaba terreno a cada minuto.

Contramaestre se había apostado en el castillo de proa, armado de un mosquetón y disparaba sin tregua sobre las tres siluetas en el puente del *Ternura*. Cualquier otra embarcación habría estado tan carcomida por la herrumbre luego de siete años, que difícilmente podría navegar. Pero, claro, el *Dama de hierro* tenía un forro de plomo y rebanaba el agua como un cuchillo. Las balas de Contramaestre se hundían en la madera suave del *Ternura*, en la cubierta y los mástiles. Hardcastle forzó la cerradura del camarote y del armero de Sheller y se dedicó a contestar el fuego, pero el cañón temblaba visiblemente entre sus manos agitadas y su labio inferior sangraba por la mordida que él mismo se había infligido.

En un principio, confundieron la lluvia con la salpicadura de las olas, pues el mar comenzaba a encresparse. Más tarde, las nubes se desenrollaron tierra adentro y encima de ellos aparecieron las gaviotas, volando hacia el Oeste para alejarse de una tormenta desatada en mar abierto. El viento comenzó a pellizcar la cresta de las olas y a rizarlas, como una mujer hilando una madeja de lana verdeazul: diminutos rizos de mar que se desprendían y luego de rodar libres volvían a caer en el seno de las olas. La rueda del timón vibraba entre las manos de Tamo mientras ponía proa hacia aguas más profundas; quería evitar que el viento lo arrojara contra un banco de arena.

El *Ternura* puso proa a mar abierto; el *Dama de hierro* hizo lo mismo, aunque fue más eficiente en la maniobra, pues un

capitán experimentado iba al timón. Crujían las articulaciones de madera del *Ternura:* un ruido tan antiguo como el arca de Noé. Pero el *Dama de hierro* rugía. Producía un fragor hueco, extraño, espeluznante, que corría sobre el agua opacando el traquido del mosquetón de Contramaestre. El mar entero parecía latir con el sonido del navío; era como la armadura metálica de un Goliat a punto de aplastar el minúsculo blanco de madera que había provocado su cólera. Pronto el ruido se hizo tan fuerte que Tamo se vio obligado a gritar para hacerse oír.

—¡Ni modo! ¡No conté con esto! —gritó—. ¡Nunca se me ocurrió que llevaría velas nuevas!

Su plan había sido abandonar al garete a Sheller y a su tripulación, a bordo de un barco sin velas, mientras él escapaba en el *Ternura.* Magda reconoció que era admirable; por poco se salía con la suya. Pero ahora las balas de Contramaestre rebotaban en el falconete, se incrustaban en los barriles de agua, en los pescantes vacíos de los botes. Sólo los consolaba saber que Sheller no apuntaría hacia ellos los cañones para no correr el riesgo de hundir su propio barco.

A bordo del *Dama de hierro* los hombres empezaron a cubrirse los oídos con las manos. Al rugido atronador del casco de plomo se había sumado un rechinido, como el de un puerco arrastrado al matadero. Los mástiles vibraban, las vibraciones recorrían los palos; las velas nuevas, henchidas por el viento, gualdrapeaban con ruido de parches de tambor.

—Mi intención era que se lo quedara. Comoquiera, ¡no le sirve de nada! —empezó a explicarles Tamo—. Porque el plomo...

Pero el estruendo del barco de hierro llenaba todo el espacio entre el mar y el cielo y ahogaba sus palabras. La marejada continuaba en ascenso. Con cada nueva ola la proa de ambas embarcaciones se levantaba más alta para luego clavarse más hondo. La carga recién estibada se destrincaba en las bodegas del *Ternura*. Las reses muertas tiraban de sus cuerdas con cada sacudida del casco al caer. La rueda del timón se debatía entre los puños de Tamo; él sabía que no estaba aprovechando correctamente el impulso de la corriente; que, por culpa suya, Sheller les ganaba terreno.

Una bala pegó en una cubeta contra incendio cerca de él, sobre el puente. A los pies de Tamo, las páginas de la Biblia de

Sheller pasaban de un lado a otro hasta que, una tras otra, el viento las fue arrancando y se perdieron volando en las alturas. Una tromba gris golpeó la embarcación por un costado; escasamente tendría diez pies de altura, pero rompió contra el casco como una andanada.

El *Dama de hierro* acortaba la distancia; pronto adelantaría al *Ternura* por barlovento y lo forzaría a detener su carrera al cortar el viento que henchía sus velas, para luego acostarlo. Para abordarlos.

—¡Agáchense! ¡Hardcastle! ¡Pónganse a cubierto!

Pero Charles permanecía hipnotizado, viendo cómo la enorme mole del navío invadía poco a poco su campo visual. En torno a sus pies, las balas arrancaban de la cubierta astillas en forma de estrella. La patada de su propia arma aventó su cabeza hacia un lado. Parecía como un blanco de feria al que nadie podía atinar: incitaba a los tiradores de Sheller a afinar cada vez más la puntería.

En el velamen en flor del *Ternura* comenzaron a aparecer arrugas y bolsas. El barco de hierro le robaba el viento. La estela tras la popa desfalleció. El espacio entre las naves se había reducido tanto que pudo escucharse claramente el ladrido de triunfo de Sheller:

—¡Los tengo!

De pronto, Magda, que estaba parapetada tras la bitácora, abandonó su refugio y comenzó a trepar por la tabla de jarcias.

Miraba hacia el barco de Sheller, señalando algo con el dedo, mientras el aire revoloteaba su cabellera en un halo pálido encima de su cabeza. En ese preciso instante Tamo oyó gritar a Hardcastle y pensó que lo habían herido. Soltó el timón, giró y pudo contemplar cómo el *Dama de hierro* iba desnudándose.

Se deshacía de su recubrimiento de metal, como un mejillón que alguien extrajera de su concha. Una colosal vaina de plomo se desprendía del casco de madera blanquecina que estaba debajo. El navío se detuvo en seco cuando el mar irrumpió furiosamente en el espacio entre la funda y el casco, separando el metal de la madera, desollando limpiamente el maderamen.

Si los remaches se hubiesen degollado todos al mismo tiempo, la vaina se habría ido al fondo de una pieza, dejando a flote el casco de madera. Pero, cerca del timón, algunos remaches no cedieron y, al irse desprendiendo, la funda de metal torció la estructura del casco, hizo saltar todas las cuadernas y partió la quilla como una espoleta. La proa se alzó fuera del agua hasta quedar vertical, como una ballena herida por un arpón, descubriendo su vientre —enteramente limpio e incorrupto— a quienes la contemplaban boquiabiertos desde la cubierta del *Ternura*. Un instante después se hundió, con la popa por delante, arrastrada hasta el fondo por cien toneladas de plomo.

Los fusileros y los demás que quedaban de la tripulación de Sheller se tiraron al mar, pero el mar, por su parte, se apresuraba a llenar el vacío dejado por el barco al sumergirse bajo las aguas. Se formó un remolino que lo succionó todo, arrastrándolo hacia el epicentro del naufragio, donde el mástil agitó por última vez la superficie del océano y atrapó hombres y objetos flotantes entre sus aparejos.

Cuando el barco tocó el fondo, sus bodegas vacías soltaron el aire atrapado en un eructo y un surtidor de burbujas, grande como una montaña, afloró violentamente, vomitando el cuerpo a cuadros escarlata y negro de Sheller.

Ni siquiera el mar tuvo estómago para aguantarlo.

Había perdido el tricornio; también la peluca. La columna de burbujas movía sus botas, haciéndolo bailar sobre su propia tumba. Luego el mar remendó aquel pequeño desgarrón en su tela indestructible y nada quedó del *Dama de hierro* excepto la ceniza de sus velas podridas y unos cuantos baldes y barriles que se soltaron de la cubierta.

Después se hizo un silencio impresionante. Desgobernado, el *Ternura* viró hasta quedar con la proa hacia la marejada, listo para capotear el temporal sin padecer la incompetencia de Tamo.

Abruptamente aparecieron las estrellas y como el viento hacía cruzar por el cielo jirones de nube a toda velocidad, daba la impresión de que fueran pedazos de pedernal sacando chispas.

—Ya lo sabía —explicaba Tamo más tarde—. Lo averigüé. En Inglaterra. En Graylake. Era lo único que recordaba con claridad de mi… de Thomas White. Su barco de hierro. Habladurías. Estuvo hablando de él semanas enteras. La sola idea sonaba a… era tan… tan fantasiosa. Un barco de hierro. Empecé a pensar que se trataba de una baladronada. Mentiras. Pero de cualquier modo me acerqué a la Marina en Greenwich. Estuve leyendo. Pregunté. Estaban enterados de unos experimentos. Y cuál era la causa de su fracaso. Galvanismo, lo llamaban. El plomo corroe los clavos de hierro. Por eso no habrá nunca un barco de hierro. Estaba seguro de que algo así iba a ocurrir, aunque no pensé que fuera tan pronto; ni tan cerca. En otro sitio. Quizá durante la travesía hacia Inglaterra.

Había resuelto matar a Sheller, pero hay algo tan infinitamente horrendo en presenciar el naufragio de un barco que todo el resentimiento de Tamo se había hundido junto con el *Dama de hierro.* Tamo White se había deshecho de su propia coraza de hierro y había quedado inerme y vulnerable; su venganza lo había devuelto a la niñez. También Hardcastle se veía demacrado y enfermo, como si el odio que le tenía a Sheller hubiera sido su única fuente de energía.

Capotearon la borrasca y la noche mar adentro, y en la mañana tranquila enfilaron a la costa. Tamo y Magda no tenían idea de dónde se hallaban. Si, durante la persecución, habían pasado de largo Zaotralana, ya podían dedicar un mes a peinar la costa y no la encontrarían; quizá antes encallaran durante la búsqueda. Pero Hardcastle no estaba tan perdido. Sus meticulosos mapas le hablaban de cabos y caletas, de corrientes transversales y platanares. Fue él quien los guio a casa.

Al avistar el acantilado rojo y las palmeras y las madreselvas y las canoas de batanga varadas en la playa, el corazón de Magda se llenó de una emoción que nunca creyó sentir ante un simple paisaje.

—Prepárense para echar el ancla —ordenó Tamo.

—¿Cuál ancla? —repuso Magda—. Si tú cortaste el cable.

En la bodega había un ancla de repuesto. Pero por más que batallaron y trataron de cargarla, le ataron cuerdas e intentaron jalarla, el ancla se limitó a burlarse de ellos, sacándoles su lengua de hierro; moverla de ahí excedía las fuerzas de los tres juntos.

—¡Pasaremos de largo! ¡Pasaremos de largo y jamás podremos detenernos! —chillaba Magda, poniendo nerviosos a los otros dos con su pánico ruidoso.

Tamo era más bien de la opinión de que iban directo a embestir de costado al *Ganesa*, anclado en la bahía, y hundirían ambas embarcaciones, pero consideró que no era el mejor momento de decirlo. Hardcastle vocalizaba extraños gemidos desde el fondo de su garganta y, sin decir palabra, volvió a intentar jalar del ancla él solo, inútilmente, hasta que sus manos sangraron.

Tamo cogió un rollo enorme de cuerda: "¡Algo pesado! ¡Algo pesado!", y trastabilló bajo el peso del cordaje, incapaz de pensar en otra cosa salvo en que debió haber arriado más velas. Demasiado tarde. ¿Deberían intentar saltar del *Ternura* al *Ganesa?* Evidentemente los cascos iban a chocar. Pero el barco parecía moverse a la velocidad de un caballo al galope y cuando ambas barandillas entraron en contacto, estallaron en una lluvia de astillas y los chicos echaron a correr dando gritos en dirección contraria.

Fue Magda la que pensó en el falconete. Corrió y empezó a dar de golpes en la culata de hierro con ambas manos.

—¡Amárrala aquí! ¡Enreda aquí la cuerda!

En lugar de intentar hacer un nudo, dieron varias vueltas a la cuerda alrededor del cañón y lo hicieron rodar hacia adelante.

—¡Empuja! ¡Vamos a empujarlo por la borda! —pujaba Magda, recargando su escasa humanidad contra la cureña de madera.

El cañón cayó por la borda con un ruido apenas audible y enseguida, cuando la cuerda se tensó, el barco cabeceó y giró en redondo con tal ferocidad que todos perdieron el pie y fueron a caer despatarrados entre los imbornales. El *Ternura* se detuvo a menos de veinte yardas de un afloramiento de rocas en el extremo sur de la bahía de Zaotralana. Las últimas páginas de la Biblia de Sheller —"La revelación de San Juan"— se desprendieron y la brisa las arrastró por la cubierta y las arrojó por la borda.

Les pareció raro que la aparición del *Ternura* no hubiese provocado la llegada de la chusma pirata a toda carrera. Extraño y desafortunado, pues a bordo no quedaba una sola chalupa o bote para desembarcar. Entonces Nathan (que había visto alejarse a todo lo que tenía en el mundo a bordo del *Ternura*) apareció tras de un árbol de tambourissa y se acercó corriendo por la playa, agitando ambos brazos, con el delgado rostro enrojecido por el calor y la emoción.

Tamo formó una bocina con sus manos.

—No tenemos un bote para desembarcar —gritó.

Nathan intentó empujar una tras otra todas las canoas, pero estaban asentadas en la arena húmeda y no había forma de moverlas. Por fin consiguió poner a flote un cayuco y en él los condujo hasta la playa.

Cuando tocó el turno de abordar el cayuco a Hardcastle, Nathan lo saludó y aquél echó hacia atrás la cabeza con su

conocido espasmo, sin pronunciar palabra. Daba la impresión de que el sonido de su propia voz le habría provocado pánico.

Tamo fue el último en descender por la cuerda anudada, con botellas de quinina en una mano, bajo el sobaco y en ambos bolsillos de su vistosa chaqueta. Cuando puso un pie en el cayuco, el rostro de Nathan traducía un júbilo incontenible.

—¡Regresaste! ¡Lo conseguiste! —le dijo.

—No conseguí nada —dijo Tamo apesadumbrado—. Nada. Me falta todavía deshacerme de Sansón.

—¡No, no! ¡Ya no es necesario! —exclamó Nathan, escupiéndose las palmas y hundiendo los remos en el agua—. Sansón murió.

Amnistía

—Murió ayer por la noche —susurró Nathan mientras escudriñaban la aldea echados boca abajo, sin ser vistos—. Le vino una diarrea. Fue horrible. Cruzó por la aldea con una pistola en cada mano buscando a Dalila para matarla y pidiendo a gritos ayuda a Contramaestre. Pegaba de aullidos y gritaba improperios.

"Así que lo volvió a hacer. Por segunda vez", pensó Magda.

—Sus hombres se atrincheraron dentro de la cabaña comunal a esperar que la enfermedad lo venciera. Era aterrador. Mató a un sifaka que descubrió en un árbol; decía que era el diablo que venía a llevárselo. Tropezó con los alambres, cayó dentro de las trampas y se cortó con los cepos, sin dejar de vociferar y maldecir todo el tiempo…

—Pobrecito sifaka —comentó Magda.

—Hoy lo van a enterrar. Quieren que Contramaestre esté presente. Lo están esperando para la salva. ¿Dónde está?

—Tuvo que asistir a su propio funeral —repuso Tamo.

Entre dos palmeras cuyas hojas abrían en abanico desde la base como manos crispadas, se había cavado la tumba del rey Sansón. Su cuerpo yacía encima de un tablón, al parecer una puerta, cubierto por una sábana de rafia. Por un extremo se asomaba un turbante y por el otro sus zapatillas orientales de punta rizada, mientras que encima de su barriga un remolino de moscas volaba en círculos.

Tristones y desconcertados, los piratas deambulaban alrededor, descubriéndose la cabeza y volviendo a ponerse el sombrero cuando el sol ardía sus cabezas. Un destripador de Terranova tocaba una melodía melancólica en un acordeón y no quiso callarse cuando un holandés intentó decir una plegaria. Entre seis hombres cargaron la puerta hasta la tumba, pero nadie se animaba a tocar el cuerpo. Por fin, lo echaron dentro del agujero empujándolo con la suela de las botas.

—¿Qué edad tenía? —preguntó uno de ellos.

—¿Cuarenta?

—¿Treinta y tres?

—Veintiuno. ¿Para qué gastamos balas?

Así que dispararon una salva en su honor, que finalizó a los dieciséis tiros, una edad por la que probablemente Sansón nunca pasó. Con el agudo traquido de los mosquetes, los pájaros huyeron de las copas de los árboles en un surtidor con todos los colores del arco iris: barbudos y fodis, drongos y perdices, carpinteros y, también, pichones azules.

—¿Dónde está la reina? Tendría que decir algo —aventuró el sobrecargo.

—Que recite una de las poesías que se sabe.

Reclamaban la presencia de Dalila. A veces, las nativas derramaban algunas lágrimas por sus esposos muertos. Se contaba de una que se había dado muerte con una daga, incapaz de soportar su tristeza. Era una historia que servía de consuelo a hombres como aquellos. Los animaba la esperanza de que algún día su recuerdo moviera a alguien a derramar lágrimas.

Y de pronto apareció: la reina Dalila. Tamo se incorporó, sin importarle que lo descubrieran. ¡No debió haber dejado su escondite todavía! Era una temeridad. Además, ¿qué deuda tenía con Sansón para que honrara con su presencia el sepelio del pirata?

Majestuosa e imponente como un galeón en un fondeadero, la princesa Andriamahilala salió de la selva para plantarse junto a la tumba de su marido. No recitó el Padre Nuestro ni el Salmo Veintitrés, pero sí una oración fúnebre en su muy peculiar modo de hablar, mientras los hombres la contemplaban con los ojos cuadrados. Le estaban muy agradecidos por imprimir a la ocasión un toque de solemnidad, un aire de ceremonia que por alguna razón ellos no conseguían convocar.

—Oh, puerco gordo y blanco —declamó Dalila en malgache—. Oh, larva de la oscuridad. Fuiste más pequeño de corazón que el más pequeño; de espíritu, el más amargo de los infelices. Todo el amor que alguna vez me demostraste cabía dentro de tu puño. Toda la alegría que me brindaste, me la has dado este día. Lleva contigo este mensaje mío al País de los Muertos, y dáselo a ese otro miserable que fue mi tortura, Thomas White. Entre los dos no hacen un hombre. Y les deseo que se peleen y beban cerveza amarga por los siglos de los siglos. Amén.

—Amén —respondieron los hombres, apabullados por aquella pieza de oratoria.

—Ojalá no encuentres reposo entre tus ancestros —prosiguió Dalila, con amargo regocijo—. No se te ocurra insultar a nuestros Muertos con tu presencia. Quédate solo. Aislado. Y jamás resucites. Toma esto. A ver qué puedes comprar ahora con ello, Rey de la Crueldad, Señor de Ningún Lado, El Más Despreciable de los Muertos.

Dalila se despojó entonces de los brazaletes y los anillos, se arrancó los collares que adornaban su cuello, las monedas que refulgían entre su cabello, y lo arrojó todo dentro de la tumba.

El asombro dejó a la tropa boquiabierta. ¿Una salvaje que se deshace de sus abalorios? Habían dado por sentado que estas mujeres sólo desposaban a individuos como Sansón por los regalos que obtenían de ello. ¡Sí que debió haberlo amado! Creyendo que sería parte de un ritual malgache, los más supersticiosos llegaron al extremo de llevarse la mano al bolsillo y arrojar algunas monedas. Pero lo que sí les arrancaba auténticos gemidos de tristeza era pensar en todas aquellas joyas en el fondo de la tumba, acompañando a Sansón. ¡Qué desperdicio! ¡Qué desperdicio!

Andriamahilala tejió su cabello en una trenza, la enrolló sobre su cabeza y, sosteniéndola con una mano, se alejó despacio, meneando sus grandes caderas con voluptuosa dignidad de princesa.

Apenas habían caído un par de paladas de tierra sobre el cuerpo cuando el primero de los piratas no pudo más y echó a correr. Fue la señal para que todo el mundo hiciera lo mismo. Tropezaron unos con otros en la puerta de la cabaña comunal, intercambiaban improperios y maldecían sus ojos en aquella oscuridad que los cegaba y se dispusieron a arrebatarse los trofeos y el botín de su rey muerto. Ahora estaba bajo tierra y podían despacharse sin temor a represalias. Ningún artículo protegía sus derechos.

Algunos se contentaron con la hermosura del cobre y el bronce, pero otros hacían a un lado cuencos y vasijas para escarbar en el piso de la cabaña, o desgarraban las prendas de Sansón sin olvidar una costura, en busca de piedras preciosas. Gruñían y acezaban y sudaban por el esfuerzo de la búsqueda. Aquello parecía una jaula de monos excitados con el golpear de rejas.

En la cima de la colina, Charles Hardcastle se cubrió la cara con los brazos, colocó las rodillas contra el pecho y se quedó dormido, apoyado contra el muro de la cabaña, negándose a presenciar aquel espectáculo, ausentándose del desagradable mundo entero.

—Ahora tengo que deshacerme de estos engendros —dijo Tamo.

Magda inspeccionó el rostro del muchacho y descubrió que Tamo se había echado a cuestas la tarea de velar por el bienestar de la aldea. El hijo del médico de a bordo se sentía obligado a liberar él personalmente a Zaotralana de los piratas y temía no estar a la altura de esa tarea. Tuvo ganas de decirle: "No es tu obligación hacerlo. Menos tú solo".

—Hablaré con los hombres, los convenceré de que tenemos que pelear. Hay armas suficientes a bordo del *Ternura*. Pistolas y mosquetes. Puedo darles armas. Bastaría con aguardar a que la tropa se emborrache…

—No —lo interrumpió Nathan.

—¿De qué tienes miedo?

—No —repitió Nathan; la enfermedad había adelgazado su rostro y sus ojos parecían más grandes y más luminosos—. Sí. Podríamos masacrarlos mientras están borrachos. Puede ser. Quizá murieran algunas docenas de aldeanos. Pero se podría. Tú podrías hacerlo. Entonces seríamos iguales a ellos, a los piratas. Estuve pensando, mientras estuvieron fuera.

—Ya lo veo —repuso Tamo con cierta arrogancia.

—No debemos rebajarnos a ser como ellos. Debemos mantenernos aparte.

—¡Tampoco podemos huir así nada más! —protestó Magda, y Tamo, presa de la agitación, la agarró contra ella:

—¡Yo pensé que eso es lo que tú querías!

—Estuve pensando —insistió Nathan con obstinación—. No voy a sumarme a ninguna matanza. Nunca me gustaron las correrías. Si te interesa saber la verdad, me aterraban. Si me embarqué es porque tenía todavía más miedo de Sansón y de Contramaestre. ¿Y tú crees que aquellos de allá abajo hayan tenido más opciones que nosotros? ¿Te crees con derecho de juzgarlos? Desconoces la verdadera razón por la que se hicieron piratas. ¿Quién eres tú para decidir que merecen morir por ello?

—Te matarían si te atraviesas en su camino —dijo Tamo molesto.

—En tal caso, yo me he propuesto ser diferente. Yo no actuaré así. Y no tengo más qué decir.

Nathan selló de golpe sus labios.

Magda estaba sentada en el suelo, entre los chicos. Miró a su hermano, un inglés que muy probablemente estaba en lo correcto y cuyo único motivo era, alabado sea Dios, tratar de ser como su padre. Luego miró a Tamo, el guerrero, el estratega, el chico que, de salirse con la suya, se convertiría en un héroe de la historia popular malgache. Y supo que entre ellos no cabía siquiera el ancho de una luna nueva. Ninguno de los dos quería una muerte más, ni ver a Zaotralana convertida en campo de batalla. Ninguno de los dos era suficientemente mayor para soportarlo. Magda supo que en comparación con ella ambos eran unos niños.

—*Hay* un modo de deshacerse de los piratas —afirmó.

Los chicos se le quedaron mirando.

—Hay un modo y no será necesario pelear —aguardó en silencio hasta que estuvo segura de contar con la atención total—. Los muertos nos harán el trabajo.

Alcanzó de un anaquel su mejor *lamba* —una sencilla pieza de rafia que al enredarla en su cuerpo tornábase en vestido—. La extendió en el suelo, al lado de Hardcastle, quien aún dormía. La chaqueta del piloto estaba abierta y Magda comenzó a extraer de entre sus pliegues los papeles arrugados con los que el hombre se había retacado a bordo del *Ternura*. Daba la impresión de que estuviera desplumando un pollo. En ocasiones especiales, las mujeres de Zaotralana entretejían en la urdimbre de sus *lambas* jirones de papel, de tela o flores. Magda se confeccionaba un vestido de baile.

—Fue tu madre quien me dio la idea —explicó Magda—. Echó sus joyas en la tumba porque sabía que nadie iba a atreverse a bajar a sacarlas. Se estaba burlando de los piratas.

—¿Y? —preguntó Tamo perplejo.

—Los habitantes de este lugar no quieren que sus ancestros se enteren de lo que ha ocurrido con la aldea. Pero si eso fuera posible. ¡Si fuera posible! Confía en mí, Tamo. Confía en mí por esta vez. Y si me equivoco, yo misma cogeré una pistola y te ayudaré a luchar contra los piratas.

Magda tomó la mano de Tamo y el muchacho bajó la vista y se quedó mirando sorprendido la mano de la chica, como si fuese una fruta que el viento hubiera tumbado en su regazo.

—¿Tú entiendes lo que quiere decir tu hermana? —preguntó Tamo a Nathan.

Pero Nathan había resuelto callar y no tenía preparada una respuesta.

—Es cosa de paganos —se limitó a señalar—. Yo no voy a solapar algo así. Lo prohíbo. Te encarezco, Magda Gull, que pienses qué opinaría papá de esto.

Magda se incorporó de un salto y golpeando a su hermano en el pecho con ambos puños le dio un empujón.

—¡Si estuviera en Inglaterra, podría desenterrarlo para preguntarle! Pero no es el caso, así que tendré que valerme…

Entonces Nathan le dio una bofetada. Su mano abierta dejó en el rostro de su hermana una marca blanca perfectamente recortada que un segundo más tarde se tiñó de rojo. El ruido del golpe no fue muy fuerte, pero Hardcastle despertó enseguida, abriendo unos ojos alarmados como linternas de señales.

—¡Mírate! ¡Nada más mírate! —la regañaba Nathan—. Vestida como una… queriendo parecer una… ¿Dónde quedó tu pudor de señorita? ¿Dónde dejaste tu castidad y resignación cristianas? ¡Tú no eres la hermana que yo tanto quería en Inglaterra!

—¿Te parece civilizado golpear a una mujer? —preguntó Tamo, con la mano sobre la empuñadura de la espada. Estaba absolutamente escandalizado.

—No se meta usted en esto, señor —repuso Nathan—. No le concierne. Es cosa mía y de mi hermana

Magda respiraba agitadamente por la nariz. Se cubría con la mano la huella de la bofetada en su mejilla, sin alcanzar a taparla con sus dedos pequeños. Hardcastle se incorporó receloso, con los ojos entrecerrados para no contemplar más cosas desagradables. Se cubrió el pecho cerrándose la chaqueta.

A Magda le entraron ganas de llorar, pero en cambio salió de ella una risilla, un chillido histérico de risa, incontrolable. Había que ver a su impostado hermanito imitando a un pastor provinciano: la voz, la postura, las manos en las solapas de su chaqueta marinera. ¿Así que en esto consistía crecer? ¿En fingir un comportamiento adulto hasta que la actuación empezara a ser convincente? Hardcastle bostezó; la furia no desaparecía de la mirada de Nathan; Magda reía histérica mientras la humillación la hacía derramar lágrimas que escurrían por su cara. Tamo contemplaba la escena. Los lémures cachorros de Magda chillaban y se movían agitadamente imitando a los humanos.

Entonces Hardcastle recogió uno de los pedazos de papel y leyó lo que en éste estaba escrito. No había luz cuando estuvieron a bordo del *Ternura*. Ahora, a la sombra de la cabaña, apenas podía distinguir la letra impresa. Entre un bosque de elaborada caligrafía, el nombre del rey Jorge pugnaba por hacerse legible y, justo debajo, como una reina en medio de un enjambre de zánganos, leíase la palabra *perdón*.

> Su Majestad, el rey Jorge de la unión de Inglaterra y Escocia, y de todas las colonias a ella súbditas, en este año de gracia de un mil setecientos y dieciocho, en prenda de Su misericordia y para que sus fechorías no sean abonadas a Inglaterra, manchando con ello su nombre, ofrece su gracioso y general perdón a todos aquellos bucaneros, corsarios y piratas que a la fecha habitan al este del Cabo, que estén dispuestos a arrepentirse de sus pecados y quieran tornar a su país de origen.

Charles aplastó el papel contra su rostro, ciñéndolo contra sus facciones. Recogió las hojas que Magda había plegado en abanico y las insertó en los ojales de su chaqueta. Llenó también con ellas sus bolsillos. Cogiendo luego con las manos tantas como podía llevar, se alejó tropezándose cuesta abajo, rumbo a la escandalosa rebatiña que tenía lugar dentro de la cabaña comunal.

—¡Amnistía! ¡Ha habido una amnistía! ¡Nos perdonan! ¡Podemos marcharnos a casa, muchachos! ¡Podemos volver a casa!

Los chicos se acuclillaron, hipnotizados, cada cual con una de las octavillas, leyéndola y releyéndola con los dedos de las manos, puesto que no habían quitado la vista de Hardcastle.

—Sheller las escondió deliberadamente. Le dieron bandos para que los distribuyera y él ocultó lo de la amnistía —dijo Magda.

—¿Qué habría sido de su negocio, si sus clientes hubiesen vuelto a la vida decente? —apuntó Tamo.

—Es la mano de Dios —terció Nathan arrobado—. Ha sido su designio salvarnos. Volveremos todos juntos a casa. Zarparemos todos para Inglaterra como hombres libres. ¡Es un milagro!

—Hace ya un año de esto —acotó Tamo.

—¿Cómo?

—El perdón. Fue decretado el año pasado. Quizá ya no tenga vigencia. Además... No todos piensan igual.

—¿Qué?

—No todos piensan igual —repitió señalando la silueta de Hardcastle, que corría de un destripador a un holandés, al segundo de a bordo, cogiéndolos por la chaqueta, poniéndoles el bando delante de las narices.

Los piratas tenían las manos llenas de monedas y quincallería. Uno de ellos se había puesto un florero de cobre en la cabeza y parecía un conquistador. A otro se le cayó el aguafuerte del castillo de Windsor adquirido por Sansón al oír los gritos de Hardcastle a unos centímetros de su cara:

—¡Nos perdonan! ¡Nos han otorgado el perdón! ¡Podemos irnos a casa! ¡El rey nos ha perdonado!

El piloto apenas había abierto la boca desde hacía meses. Ahora los chicos alcanzaban a escuchar su voz desde lo alto de la colina.

Pero la tropa no se enteró de nada.

No le hicieron caso. Lo apartaron del paso a empellones. Cogieron el panfleto que les mostraba y lo hicieron bola.

—No es la primera vez.

—¿Quién te dice que van a cumplirlo?

—Borrachines mentirosos: eso son. Todos

—¿Y a nosotros, qué?

Hubo un único interesado, un hombrecito escurrido de Yorkshire que nunca había oído hablar del rey Jorge y dudaba de su existencia. Lo que a él le interesaba saber es qué había sido de la reina Ana.

Tenían la mente puesta en el tesoro de Sansón. Hardcastle se interponía en el camino. Dos hombres se enfrascaron en una disputa por las botas de Sansón; se quedó cada cual con una y se zambulleron de nueva cuenta en la búsqueda. No duró mucho el saqueo de la cabaña comunal hasta despojarla del último de los efectos personales del capitán, para luego proceder al reparto de lo poco que había enterrado en el interior. La tropa estaba con ánimos de celebrar. En días malos, marcados por el terror o las heridas, pensaban en el hogar y ansiaban estar de vuelta en casa. Pero éste no era uno de esos días y lo que Hardcastle les ofrecía no entraba en sus predilecciones. Así que lo trajeron a empujones, le propinaron algunos golpes, lo injuriaron llamándolo loco y usaron el bando del rey para silenciar su boca balbuciente.

Durante algunos minutos, Nathan Gull se imaginó de vuelta en Inglaterra, hombre libre, lavado de toda culpa por el perdón del rey, subiendo los escalones de la vicaría de su padre, tocando a una puerta abierta... El Hijo Pródigo.

Pero el milagro de Dios acababa de ser rechazado, desdeñado con un escupitajo y una maldición. Y Nathan seguiría siendo un pirata, hasta que su sangre enferma terminara por derretirlo, una bala turca lo arrastrara por la borda o el cuchillo de un camarada pirata lo degollara para cobrar los botones de su chaqueta. Necesitaba que su hermana lo consolara y le dijera que todo terminaría bien. Pero justo cuando estiraba el brazo buscando la mano de Magda, ésta se puso abruptamente de pie.

—Ahora empezarán a beber y por la noche tendrán un banquete —le dijo a Tamo—. Ve a decirle a tu gente que organice la *famadihana* —se volvió a mirar fríamente a Nathan, sin retirar la mano de la mejilla—. Diles que es preciso que sus ancestros bailen mañana.

Nathan nada dijo. Sus brazos colgaban a sus costados. Sus ojos eran inexpresivos. Esta vez fue Tamo quien negó con la cabeza. Magda apretó los labios con determinación y dio un pisotón en el suelo.

—Confía en mí. Funcionará. ¡Estoy segura!

—Si tú lo dices —repuso Tamo dudoso—. Pero pídeselos tú, Magda-*ala*.

—¿Yo?

—No entiendo qué es lo que quieres; qué es lo que crees que ocurrirá. Además, ahora, cuando me ven, ven a un pirata. Estoy corroído por el mismo cáncer que aquellos allá abajo. No. Tienes que hacerlo tú. A ti sí te harán caso, Magda-*ala*, ya lo verás —Tamo estiró el brazo y tocó el amuleto de cebú que el *ombiasy* había dado a Magda y pendía del cuello de la muchacha atado a una correa—. Ya lo verás.

Magda se vistió con su *lamba*, ornada por el festón de octavillas plegadas, y ató su cabello decolorado por el sol en lo alto de su cabeza. Su mascota, curiosa por ver el broche de cuero con que la muchacha se había sujetado el pelo, trepó hasta su cadera, de ahí subió al hombro y anduvo de arriba abajo, metiendo los dedos entre su cabello y comiendo plátano de la mano de la chica.

Los piratas se bebían el vino selecto de Sansón, derramándolo descuidadamente por el suelo, como sangre de una herida. Cuando Magda bajaba la colina, la avistaron y le silbaron y la llamaron a gritos. Al pasar por la orilla de la plaza, el hombre marcado se le acercó agazapado y le dijo, echándole en el rostro su aliento alcohólico:

—Tú eres mi reina María y, yo, tu rey Guillermo. ¿Qué te parece?

—Voy a pedir a los aldeanos que organicen un banquete... para conmemorar la muerte del capitán Sheller.

—Que el diablo lo confunda. ¡Brindaré por eso! —dijo el pirata.

La piel brillosa y cacariza de su frente quemada se arrugó siguiendo las gesticulaciones con que expresaba su odio por el traficante. Las muertes de Sansón, Contramaestre y Sheller, acaecidas el mismo día, habían dejado a los piratas como niños sin la supervisión de un adulto. Al día siguiente no sabrían qué hacer. Echarían a la suerte la elección de un capitán o armarían un zafarrancho, asustados e inermes sin alguien que les dijera lo que tenían que hacer. Mas por el momento disfrutarían la libertad de una vida sin reglas. Mañana abordarían el *Ternura* para saquear el fabuloso cargamento de Sheller. Pero hoy el vino de Sansón se encargaría de que no pudieran descender sin riesgo el sendero hacia la playa ni tenerse en pie sin caer de espaldas.

Magda pasó de largo frente a las cabañas de Noro y de los carboneros, hasta los sembradíos donde las mujeres recogían el arroz nuevo. Los hombres habían salido a pescar o de cacería, solos o en parejas, pues no se les permitía reunirse en grupos de más de tres, por órdenes de Contramaestre. Pero a las mujeres, que no representaban amenaza alguna, se les había permitido continuar sus labores diarias casi como lo hacían antes.

Magda escaló el bordo de tierra. El lémur transitaba inquieto de uno a otro de sus hombros. Una tras otra, las mujeres enderezaron sus espaldas encorvadas y se le quedaron mirando.

—Yo…

Magda se percató de que el pirata borracho había ahuyentado de su cabeza las palabras malgaches preparadas para el momento. Oprimió el amuleto de cebú. Hizo un esfuerzo por pensar y por hablar en malgache.

—Tuve un sueño —comenzó—. Una criatura se me acercó y me habló. Un ayeaye vino y puso su dedo mágico dentro de mi oído y yo escuché. Escuché a los ancestros bajo tierra. Los oí pedir *famadihana*. Los oí decirme que querían bailar.

Las mujeres le dieron el flanco, escépticas, espantándose con desganados manotazos las moscas que revoloteaban en torno a sus cabezas.

—No han celebrado el *famadihana* porque los piratas están aquí. Pero yo les digo: celebrad el *famadihana* y mañana los piratas se habrán marchado.

Los rostros que le devolvían la mirada habían sido víctimas de toda suerte de abusos desde la llegada de los piratas. Eran rostros inexpresivos, que ocultaban sus pensamientos, sin mostrar nada. Cuando Noro se acercó y acarició el pelaje del lémur, su madre vino tras ella y la apartó bruscamente por el brazo.

—*¿Inona no mba fantatrao momba ny fombancy?* —reclamó agriamente—. ¿Qué sabes tú de nuestras costumbres?

—Yo sé que ustedes hablan con los muertos; que les cuentan cosas —dijo Magda—. Pregúntenles, entonces. Pregúntenles si están de acuerdo en que estos *babakotas*, estos simios, vivan en su aldea, desposen a sus nietas y se coman su arroz. Pregúntenles. Y si no están de acuerdo, entonces déjenlos salir para poner un hasta aquí a todo esto.

Noro se echó a llorar. Sentía pena por Magda y ocultó el rostro contra el pecho de su madre.

—Está equivocada, mamá. Cree que nuestros muertos pueden andar y hablar y pelear. No entiende.

—No estoy confundida —repuso Magda—. Yo he visto el *famadihana*, ¿lo recuerdan? Yo sé cómo quieren a sus muertos. Sé que no tienen miedo de sus muertos.

Las mujeres dirigieron la vista hacia la susurrante selva que las rodeaba, llena de espíritus y fantasmas. Aquello era absurdo, desde luego. Sí las aterrorizaban los muertos en pena, sin descanso, que les gritaban ocultos entre las frondas matinales, que se agitaban y cruzaban al trote entre las sombras del crepúsculo.

Pero Magda no tenía palabras para explicar más claramente lo que se proponía.

—Me refiero a que a ustedes no les da miedo el *famadihana* —dijo desesperada—. ¡Entiéndanme, por favor! *¡Por favor!* —y calló, derrotada.

Con un gruñido, la reina Dalila apareció como de la nada e izó su voluminosa humanidad sobre el bordo, junto a Magda. Posó una mano en el hombro de la muchacha, pero ésta se retrajo y se apartó de ella.

—La niña quiere decir que a ustedes no las asusta tomar los huesos entre sus brazos —dijo Dalila con su roar de sapo—. Y tiene razón. Háganle caso. Ella sabe cómo son esos perros. Ella sabe lo que los hará salir corriendo.

Las mujeres continuaron recogiendo el arroz verde recién brotado, pero cuando no les cupo más en las manos, una tras otra abandonaron el sembradío y, recogiendo sus canastas semivacías, las colocaron en equilibrio sobre sus cabezas y partieron balanceándose en dirección a la aldea. Imposible adivinar lo que pensaban ni la razón que las impelió a marcharse.

Por segunda vez, Dalila trató de abrazar a Magda, pero la muchacha se alejó tan bruscamente que resbaló y cayó del bordo. Desde abajo, entre el arroz, Dalila, trepada en el bordo, era una sombra gigantesca que ocultaba el sol.

—¿Qué le pasa a la niña?

—¿También a él lo envenenaste? —preguntó Magda.

—¿Qué cosa dices, niña?

—¿Envenenaste a Sansón, como hiciste con Thomas White?

Dalila sonrió de oreja a oreja, tendiéndole la mano para ayudarla a trepar de nuevo al muro de tierra, mientras se echaba a reír de manera que temblaba todo su corpachón. Magda la dejó con la mano tendida.

—¡No, niña, por Dios! ¡El hombre se envenenó solo! ¡Él puso veneno en mi magnífico guisado! Quería matar al diablo ése del traficante. ¡Luego se emborrachó tanto que lo olvidó! ¡Se lo comió todo él solo!

Y volvió a reír: por la estupidez de Sansón, por lo maravilloso del destino.

Magda se echó a reír también. Había pasado el día entero abrigando aquella sospecha, sin decir palabra a los chicos. Ahora le provocaba risa sentirse aliviada. Sabía que su hermano no lo aprobaría, pero era incontenible. El lémur se asustó con aquel ruido desconocido, saltó de sus hombros y se alejó corriendo sobre el barro recalentado. Hacía meses que Magda no reía.

¡Despertad a los muertos!

Mataron un cebú y cortaron cuidadosamente la carne en porciones iguales para cada uno, incluida la tropa. Nunca se oyó un cuchicheo entre los aldeanos, no hubo actitudes sospechosas que los piratas pudiesen malinterpretar como una rebelión en ciernes. Sencillamente, con la primera luz del día, el aire se llenó con la suave música punteada de la *vahina* y las voces solitarias que elevaban su canto.

Aunque los marineros (que se habían ido a acostar borrachos como cubas) quizás hubiesen preferido el silencio, la música no representaba amenaza alguna. Dormidos o ebrios, los piratas eran vulnerables a los asesinos, y lo sabían. Con cada nuevo día llegaba el alivio: haber sobrevivido una noche más. Ahora salían arrastrándose hacia la luz, apretando con ambas manos sus jaquecas, cerrados los párpados para bloquear el paso a la resolana e insultando a las mujeres que molían el grano. Pero nada de ello causábales disgusto ni intranquilidad.

De acuerdo con el plan de acción de Tamo, a estas horas los cuchillos habrían concluido su faena, iniciada a medianoche. O bien, los jóvenes malgaches se estarían agrupando ocultos en la selva, alistándose para atacar su propia aldea y masacrar a las fuerzas de ocupación, con heroica pérdida de vidas.

Pero éste era el plan de Magda. Los únicos gritos de guerra eran el inquietante ulular de los indris; lo único filoso, los sólidos rayos de sol atravesando en diagonal las frondas. Por doquier veíase a la gente reír y cantar, vestida de blanco (cosa que deslumbraba a los piratas pero no era motivo de alarma) y flotaba un olor a carne guisándose.

Los piratas dedicarían ese día a vaciar el barco de provisiones de Sheller, precariamente atracado entre las piedras de la bahía, y a discutir quién se quedaba con qué. Quizá eligieran a un nuevo capitán o indagaran sobre lo que en verdad pasó con Contramaestre y el barco de hierro. Las mujeres sonrientes les sirvieron un desayuno de tripas cuajadas en manteca, cuyo solo aspecto basta para producir arcadas, pero difícilmente pone a un hombre nervioso. Aunque insultaron a las mujeres y reprendieron a las muchachas, los piratas no parecían disgustados. Tal era el plan de Magda.

Cuando de improviso se formó una procesión y los aldeanos encaminaron sus pasos hacia la Aldea de los Muertos, Magda y Tamo se les sumaron.

—¿Qué se traen? —preguntaron los piratas.

—Una celebración. Hoy es día de fiesta —explicó Magda.

Nathan se negó a ir, naturalmente. Permaneció en la cabaña, contumaz como un caracol retraído dentro de su concha, leyendo la Biblia del rey Sansón: el único objeto que ningún pirata reclamó durante el saqueo de la cabaña comunal.

—Reniego de mi parentesco contigo, Magda Gull —había sentenciado Nathan con la sombría severidad de un sacerdote que dicta la excomunión a un hereje—. Esto es un sacrilegio. Yo te lo prohibí; pero tú elegiste desobedecerme. De hoy en adelante no vuelvas a dirigirme la palabra. Una hermana mía no cometería semejante perversidad.

Creyó que Magda recapacitaría, pero ella siguió adelante con su plan sin importarle su hermano. Y ahora, sentado en la penumbra de la choza, oyendo cómo daba comienzo la música, fue Nathan quien se sintió excomulgado, solo, abandonado. Buscó consuelo en la rectitud, en tener la razón, y se dio a la tarea de localizar la demostración bíblica de que la tenía. No estaba resultando tan fácil como creyó. Su padre habría recordado las citas tan fácilmente como el Padre Nuestro. Lo mismo ocurriría con el señor Thrussell en Graylake. Nathan se lamentó por no haber escuchado con mayor atención, por no haber sido un estudiante más aplicado. Pero él encontraría los versículos. Así que se zambulló en la Biblia: un teólogo de catorce años, un púber defensor de la Fe en tierra de paganos. El reverendo Gull en miniatura.

"No recurráis a los que evocan a los muertos ni busquéis a los adivinos para contaminaros con ellos..."

Los piratas jugaban a la baraja y a los dados en la soleada plaza de la aldea cuando la procesión regresó de la Aldea de los Muertos. La corriente de los cánticos arrastraba una treintena de parihuelas; parecían notas en un pentagrama: negro sobre blanco. Oscuros bultos de jirones de tela fueron llevados hasta la puerta de las cabañas y depositados en el suelo entre vuelos de seda blanca recién estrenada y lienzos pálidos de rafia. Flotaba en el aire un olor, un aroma raro, dulzón, mezclado con los olores de las cocinas. Y se escuchaba un murmullo de voces alegres.

Y es que para entonces los aldeanos estaban realmente contentos. Lo que comenzó entre el nerviosismo, empezaba a animarse con vida propia. Hacía mucho tiempo que habían celebrado el último *famadihana;* mucho tiempo había pasado desde cuando actuaban con independencia de los hombres que llegaron a invadir su aldea, a controlar sus vidas. Se sentían liberados haciendo algo exclusivamente malgache, cumpliendo un ritual del que los forasteros no tenían la menor idea.

Los piratas los miraban con ojos legañosos, sin prestar mucha atención; no tuvieron la curiosidad de preguntarse por qué aquella gente normalmente tan amilanada, tan tímida y tristona, de pronto cantaba y reía. La inglesita estaba con ellos, vestida también con un lamba blanco, y entonaba algo como un himno:

O salutaris hostia
quæ cœli pandis ostium,
bella premunt hostilia
da robar, fer auxilium.

[Salvador Nuestro, cuya muerte abrió de par en par
a los hombres las puertas de la Gloria
nuestros enemigos nos acosan;
tendednos vuestra mano, dadnos vuestra fuerza.]

La gorda esposa del "rey", escandalosa como un sapo, meneaba las caderas en un baile interminable, con los brazos extendidos y las manos llenas de flores. Cuando las parihuelas fueron puestas en el suelo, inmediatamente las rodearon grupos sonrientes de parientes que hacían ondear vastísimos lienzos de tela vaporosa.

Los piratas que acababan de levantarse se acercaron a las puertas de las cabañas para investigar a qué se debía aquel ajetreo...

—"Así ha dicho Jehovah: 'No aprendáis el camino de las naciones...' —leía Nathan, trepado en su tenebrosa ermita—. No alaban a Jehovah los muertos, ni cuantos descienden al silencio..."

—¿Qué es eso? ¡Dios Santo! ¡Llléveselo! ¿Qué hace? ¿Qué es esto?

El holandés, aturdido por el sueño y el vino de la víspera, miraba boquiabierto el cuerpo de un chiquillo, en parte descompuesto y en parte preservado, que una madre orgullosa le ponía delante de las narices.

—*Izy no Fanja. ¡Fanjanay!* Éste es nuestro *Fanja.* Nuestro *Fanja.*

El sobrecargo, que apenas acababa de despertar, salió de la cabaña en busca de aire. Sin darle respiro, le pusieron en las manos un paquetito muy bien hecho, recién envuelto, como si se tratara de un regalo. Codicioso, el hombre desgarró el envoltorio con torpe curiosidad y un montón de huesos humanos cayó desperdigándose con ruido de loza rota alrededor de sus pies. El sobrecargo gritó como un cerdo acuchillado y se abrió paso a empujones entre hombres, mujeres y niños, en su prisa por huir hacia la plaza.

En su carrera chocó contra otros piratas, todos presa del pánico, casi convencidos de estar siendo víctimas de una alucinación. Pero el peor delirio alcohólico palidecía en comparación al desfile de horrores que los aldeanos les tenían preparado. Mientras corrían, tropezaban con muertos o con esqueletos envueltos como si fueran recién nacidos, tropezaban con cuencos llenos de agua donde frágiles ancianitas enjuagaban los enormes huesos de la pelvis de sus antepasados guerreros. En los pasajes entre las chozas los piratas eran recibidos por un cadáver izado en pie, que a través de una rendija en el sudario miraba desde sus cuencas vacías aquellas extrañas fortificaciones y trampas que no conocía. Un "terranova" volvió corriendo a su alojamiento para toparse con que la abuela de la casa enseñaba sus cobijas y pertenencias a otro espantoso ente putrefacto:

—Aquí duerme él y esto es lo que ha robado y aquí es donde...

Los piratas echaron mano a sus pistolas; pero, ¿dónde estaba el enemigo al que había que acribillar? Los muertos son resistentes a la pólvora y a las balas.

Entre los marineros hay una superstición muy extendida según la cual si un moribundo pronuncia tu nombre, pronto estarás muerto tú también. Y he aquí que el nombre de cada uno de los piratas era repetido al oído descompuesto de tres docenas de cadáveres. Un cementerio completo había sido cortésmente invitado a supervisarlos.

—Éstas son las personas que viven ahora en tu casa. El mes pasado se comieron tus animales sagrados; se suben en tu canoa; nos tienen como rehenes...

En mitad de la plaza de la aldea, el pirata con la "P" marcada en la frente se topó de frente con Magda Gull. Magda bailaba con Noro y su familia, arrastrando los pies y moviéndose todos en un vaivén poco estructurado, para ocultar el nerviosismo. Pero al ver acercarse al pirata, Noro se detuvo en seco y empezó a echarse para atrás. La madre de Noro la jaló y se puso delante de ella. Por unos instantes, "P" saboreó de nuevo el gratificante poder del abusivo. Entonces Magda tomó de los brazos del padre de Noro el envoltorio blanco que cargaba: los huesos de la abuela de Noro.

—Éste —dijo Magda en inglés, dirigiéndose al bulto sin el menor asomo de resentimiento en la voz— es el hombre que se come tu arroz y duerme bajo tu techo.

"P" extrajo su par de pistolas del cinto. La palidez de su rostro hacía destacar en un rojo aún más encendido la quemadura de su frente.

—¡Llévate esa porquería de aquí! ¡Llévatela lejos! ¡No te me acerques!

Magda no se movió de su sitio.

Tamo se percató de lo que estaba a punto de ocurrir y desenvainó su espada. Pero no portaba un arma de fuego y se encontraba lejos, demasiado lejos para evitarlo…

Apuntando a Magda con ambas pistolas, "P" disparó a quemarropa.

Nathan hojeaba ociosamente la Biblia, con la vista en las páginas pero la mente ocupada en desentrañar los ruidos que provenían de fuera. ¿Será capaz la danza de los muertos de infundir tal terror a los piratas que los obligue a marcharse de Zaotralana, a dejar sus casas-fortalezas llenas de tesoros y huir mar adentro? En su vida de piratas deben haber presenciado cosas horribles… ¿Será peor el *famadihana*? Luego se puso a pensar: si el plan de Magda fracasaba, ¿qué represalias tomarían los piratas contra Zaotralana para desquitarse del susto? Sus dedos inquietos se posaron sin premeditación en el Evangelio de Mateo. El versículo al que apuntaban rezaba: "Os tocamos la flauta y no bailasteis; entonamos canciones de duelo y no lamentasteis".

En ese instante, el disparo de unas pistolas de chispa lo hizo ponerse de pie y salir corriendo. Afuera, el metal colgante le raspó la cabeza. Las púas clavadas en el sendero rajaron la suela de sus zapatos. Fodis escarlata alzaron el vuelo de entre los bambús, como gotas de sangre.

El pirata marcado se quedó mirando a Magda boquiabierto. Los cánticos habían cesado de golpe. Estaba tirada en el suelo, boca arriba, debajo del envoltorio blanco con los huesos. El impacto

de la caída había proyectado el amuleto de cebú que ahora se veía entre su cabello. Noro abandonó el cobijo de su madre. Los aldeanos, aún con sus ancestros cargados en hombros como chiquillos en una feria callejera, se arremolinaron alrededor de "P". En la cima de la colina, un muchacho se puso a gritar y arrancó a correr cuesta abajo.

Diez o veinte segundos más tarde (¿quién los iba a contar?) Magda reaccionó y abrió los ojos. Sentía un dolor en el pecho, un lienzo le cubría el rostro y algo pesado la aplastaba, como si acabaran de enterrarla. Se había quedado sin aire. Trató de respirar pero no lo consiguió. ¿Así que esto era estar muerta? ¿El alma consciente y el cuerpo incapaz de moverse? Podía incluso escuchar las voces de los vivos, los gritos y lamentos de Dalila, como si hubiese perdido a un miembro de su familia. Pero nadie acudió, solamente el sonido acompasado de las moscas que se posaban sobre la rafia que le tapaba la cara.

Entonces una manita morena, una garra enjuta como si fuese de un niño muerto hacía mucho, se cogió de sus cabellos y empezó a jalárselos con tal fuerza que alzaba y dejaba caer su cabeza, que se golpeaba contra el suelo. Así que los muertos se robaban unos a otros.

—¡Ay! —gritó, y el aire llenó de golpe su pecho exhausto.

Alguien retiró la tela que cubría sus ojos y entonces vio los agujeros sin nariz en el centro de la cara enjuta. Era un lémur que quería quitarle su amuleto de cebú. Con un esfuerzo enorme Magda apartó de su pecho el paquete de huesos: era imposible que "P" se hubiese enterado del asco que sintió Magda al verse inmovilizada en el suelo por la abuela de Noro.

Lo que sí vio el pirata es cómo Magda se ponía de pie, y supo que sus pistolas estaban descargadas y que estaba vivo en medio de un osario. Generaciones de malgaches muertos se confabulaban para acabar con él. En un torpe movimiento que lo hizo torcerse el tobillo y llenarse la boca abierta de tábanos, se dio media vuelta y echó a correr. Corría como un hombre atrapado en una pesadilla, con las piernas hundidas en arenas movedizas. Con el rabillo de los ojos, a izquierda y derecha, vio que sus compañeros de correrías también se dirigían en estampida en dirección a la bahía, tratando todos de ganar los botes, sin soltar las cartas o los dados aún sujetos en los puños, con pedazos de carne guisada o pistolas vacías cogidas por las cachas en su prisa por llegar a su barco. Calaveras sin mandíbula les sonreían al pasar, los seguían al trote, porque los aldeanos querían invitarlos a tomar cerveza casera. Sin saber lo que contenían aquellos cuencos, los piratas imaginaban ingredientes horrendos, volcaban la cerveza sin detener su carrera. Los aldeanos cantaban más fuerte y retumbaban los tambores. Tambores estruendosos, incesantes, que provocaron los gritos destemplados de los pájaros cúa.

Con la primera luz del alba, los aldeanos habían dispuesto ofrendas de comida por toda la playa, para alimentar a los muertos del mar: pescadores ahogados cuyos cuerpos nunca devolvió el océano, que tendrían que bailar solos en el lecho marino. Las ofrendas habían atraído a los tiburones a la rompiente y a los cocodrilos a la orilla: cocodrilos enormes, del tamaño de una canoa. El pánico se apoderó de los piratas, que tomados por sorpresa y sin guía, aullaban por el esfuerzo de arrastrar los botes de remos sobre la arena seca, por encima de la arena húmeda donde se atascaban las embarcaciones, hasta adentrarse en la terrible rompiente. Disputaban unos con otros los asientos junto a los remos.

La mera costumbre debió haber conducido a los piratas al *Ganesa.* Pero el navío de Sheller estaba mucho más cerca y (si no habían perdido por completo el seso) sabían que estaba repleto de cosas valiosas. Las siluetas oscuras de los tiburones escoltaron los botes en el trayecto hasta el barco. Una aleta dorsal rozó el maderamen. Los cocodrilos, azuzados por la conmoción, cerraron sus bocas acezantes, flexionaron sus cuerpazos y se arrastraron hacia la rompiente.

A todo lo largo de la cresta del acantilado, veíanse los muertos bailando. Rollizos bultos blancos o blancas momias alargadas bailaban bajo el sol, mirando sin ojos el mar resplandeciente, cantando sin boca, pronunciando poderosas maldiciones; es lo que pensaban los piratas en su huida: tendría que estar bajo tierra, toda aquella putrefacción y desintegración. Era demasiado grotesco para describirlo. Los gritos de los animales de la jungla nerviosa, en el calenturiento magín de los piratas, eran aullidos de espíritus y demonios.

Ni cuando Odiseo pasó a remo por delante de las sirenas cantando, lo hizo tan rápido como el *Ternura* con su aterrorizada tripulación de bandidos marinos. No se había derramado una sola gota de sangre. Tal era el plan de Magda.

El padre de Noro rehízo con reverencia el envoltorio de los recién lavados huesos de su madre. Una de las balas de "P" había errado el blanco por mucho, pero una quemadura señalaba el sitio por donde la otra penetró el bulto antes de astillar la tibia y el costillar del esqueleto y alojarse en el denso hueso de la pelvis.

—Dale las gracias a tu abuela de mi parte —dijo Magda a su amiga.

—Tú díselo —repuso Noro—. Tú hablas nuestra lengua.

—Sí, pero —vaciló Magda—... yo no soy malgache —adujo.

Los huesos no eran todos de una mujer. Dentro de la tumba familiar de Noro, los esqueletos más antiguos se habían revuelto unos con otros desde hacía mucho. Según explicó Noro, la persona que bailaba no era la abuela sino un representante de la abuela: una amalgama de ancestros. Lo importante es que el pasado pudiera bailar bajo el sol del presente, enterarse de las noticias, refrescar los recuerdos y transmitir sus energías a los vivos. En palabras de Noro:

—No fue la abuela quien te protegió. Fue buena parte de ella.

A medida que los aldeanos de Zaotralana fueron cayendo en la cuenta de su liberación, se desató un ánimo celebratorio todavía mayor. No alcanzaban a entender qué es lo que había aterrorizado de tal modo a los piratas; simplemente se percataban de que de algún modo sus ancestros los habían liberado: sus ancestros y Magda. Tenían ganas de festejarla, de llenar su cabello de flores.

Pero Magda no estaba de un humor triunfalista. La desazón que sobreviene luego de un gran susto le provocaba un dolor en el corazón, debajo de las magulladuras que tenía en el pecho. Nathan había jurado no volverle a dirigir la palabra y Tamo había perdido el *Ternura*. Quizá los piratas volvieran al día siguiente a recuperar sus tesoros abandonados.

—¿Vendrán? —preguntó a Tamo—. ¿Irán a volver?

Tamo la tomó por los hombros.

—No. Si se hubiesen llevado el *Ganesa*, habrían vuelto por el *Ternura*. Pero tienen tanto que se olvidarán de lo que dejaron.

Los muertos emprendieron el regreso al cementerio en alegre procesión. No fue sino hasta que el último desapareció de la vista —bultos, momias, parihuelas y sudarios— cuando Nathan emergió de su escondite tras uno de los muros del jardín. En una mano sostenía una pistola y en la otra una espada, y tenía un aspecto tan estragado como el del barco de hierro. Salió disparado de pronto como uno de los lémures de Magda y casi cayó entre los brazos de la muchacha, estrechándola tan fuertemente que de nuevo la dejó sin aire.

—Lo habría matado si te hubiera matado —dijo, no sólo una sino mil veces—. ¡Lo habría matado si te hubiera matado!

—*Tch, tch* —lo regañó Magda—. Recuerda tu Biblia: "Mía es la venganza… dice el Señor".

Destino

“Había una vez cuatro hombres que vivían en la Tierra. El primero era un cazador que tenía una lanza; el segundo, un trampero que tenía un cepo; el tercero vivía de recoger fruta y bayas, y el cuarto sembraba arroz. Naturalmente, en cuanto vinieron épocas difíciles, cada uno pensó que sería más feliz si pudiera cambiar de papel con su hermano. Un mal día, cuando los cuatro estaban igualmente a disgusto, acudieron ante Dios para pedirle cambiar de oficio. Pero cuando llegaron, alegando y tratando de acallarse a gritos uno al otro, Dios se hallaba ocupado moliendo arroz. ‘Hoy tengo demasiado qué hacer para discutirlo —les dijo—. Vuelvan mañana; pero mientras, cuídenme esto’. Y depositó un puñado de arroz en la palma de cada uno de los hombres.

”En el camino de regreso, el cazador vio un fosa y, dejando caer el arroz, fue a perseguirlo con su lanza. El trampero vio un pájaro encima de él y se detuvo a ponerle una trampa; como necesitaba de ambas manos, dejó el arroz en el suelo mientras la arreglaba. Cuando volvió, las hormigas se habían llevado hasta el último grano. El recolector de fruta descubrió un mango delicioso colgando sobre un río. Mientras trepaba por la rama, el arroz se le salió del bolsillo y cayó al agua, donde los peces lo devoraron. Al cuarto no se le ocurrió mejor lugar donde poner el arroz a buen recaudo que enterrarlo en el suelo y allí echó raíz y brotó.

"Al día siguiente, se les apareció Dios. '¿Dónde está el arroz que les di a guardar?' Tres de ellos agacharon la cabeza, mientras que el cuarto señaló los nuevos brotes verdes. 'Ajá —dijo Dios—. Esto les enseñará que un hombre debe seguir su destino. Hagan lo que nacieron para hacer, y lo que antes de ustedes hicieron vuestros padres.' Después de aquel episodio, todos estuvieron contentos… y si no lo estaban, entonces era que el destino les había deparado el sufrimiento."

Cuando Tamo se sentó luego de terminar su historia, los aldeanos asintieron y expresaron su acuerdo entre murmullos. Ya la conocían y la habían escuchado cientos de veces antes; pero, para ellos, la novedad no venía a cuento… También las historias necesitaban airearse al sol de vez en cuando, había que darles vuelta, recordarlas en comunidad.

Magda jamás había escuchado la historia, pero también asintió, mientras Tamo tomaba asiento y recibía de la concurrencia pequeños regalos en señal de aprecio por su *kabary*. Podía haber imaginado que los malgaches tendrían una historia semejante. Un hombre debe seguir su destino. Haz lo que naciste para hacer y lo que hicieron tus padres antes que tú.

Otro hombre empezó a contar la historia de un saltamontes que era mascota de un pequeño... El calor diurno cedía y martín pescadores colorados pasaban volando como flechas a lo largo del río, persiguiendo mosquitos. Lémures de cola rayada paseaban bajo las sombras rayadas de los árboles, recogiendo nueces y frutos. Los pollos picoteaban en el centro del círculo de gente, como si recogieran palabras que dejaban caer los cuentacuentos.

Nathan no estaba entre ellos, naturalmente. No entendía la lengua lo suficiente, se disculpó, y además, estaba arreglando sus cosas para el viaje. Magda no supo a qué podría referirse: los tesoros abandonados por los piratas habían sido ya embarcados en el *Ganesa* y las provisiones estaban a bordo. Difícilmente valía la pena empacar las pertenencias restantes de Nathan.

Magda contemplaba a Dalila —a la princesa Andriamahilala, mejor dicho— acariciar el cabello de su hijo, arrobada por su reconciliación. Magda no quiso revelar a Tamo cómo su madre había envenenado a Thomas White. El asesinato era una infracción muy seria y algo muy poco británico. No obstante, se pudo dar cuenta del gusto que le habría dado saberlo, ya que Tamo no era cristiano ni inglés. Ahora, Tamo estaba convencido de que su madre era un milagro de la época. Tenía una demostración del amor que ella sentía por él: había estado dispuesta a cometer un asesinato por salvarlo.

Magda pensó que Dalila merecería recibir alguna suerte de recompensa. Pero no ocurrió tal cosa. Magda averiguó que ella no esperaba nada, además. Pensándolo bien, los crímenes menores de su propio padre: cuentas sin pagar, bancarrota disimulada, quizá fueron cometidos exactamente por aquellos mismos motivos: por amor a sus hijos.

Cuando terminó la siguiente historia, Magda se levantó y se dirigió a la cabaña. Encontró a Nathan sentado en el jardín, indefenso, incapaz siquiera de entrar en busca de su Biblia.

—Ahí está esa cosa otra vez. Ese animal que según Tamo es el espíritu de su padre.

Magda entró y esperó a que sus ojos se acostumbraran a la penumbra. El camaleón se acurrucaba entre las flores, en el rincón de la cabaña donde estaba el adoratorio. Su color era oscuro y difuso; su silueta, prehistórica. Magda sabía que aquella criatura no era Thomas White: ni su reencarnación ni su espíritu errante. Pero Thomas White yacía enterrado bajo un sembrado de sandías en Tamatave y ella no volvería jamás a aquel lugar. Así que Magda le dijo al camaleón en un susurro:

—Fui yo. Yo le dije a Tamo que usted no era su padre. Quería un destino diferente para él. Le pido perdón por ello. Me doy cuenta de que usted también lo quiso. Por eso lo envió a

Inglaterra. Quiso que tuviese una vida mejor que la de usted. ¡Y así será! ¡Sin duda! Pero cuando le dijeron su futuro… creyó entonces que tendría que ser igual que usted. Y usted no quería que eso sucediera, ¿verdad? Por eso le mentí. Fui yo la que fraguó la mentira. Perdóneme.

El camaleón giró su ojo protuberante, mirando imparcialmente cada una de las cuatro esquinas de la choza; el pasado, el presente y el futuro. Con un par de puntapiés, Magda consiguió abrir la puerta del este —la puerta por donde salen los muertos, la puerta por donde entra la Muerte—, y el camaleón salió caminando despacio sobre sus nudillos, trepado en sus extrañas patas zambas. Cuando la luz cayó sobre su cuerpo escamoso, la piel empezó a fluorescer hasta tornarse del verde-amarillo del pasto vespertino y de la boca se desenrolló su prodigiosa lengua naranja, como un dragón que escupiera fuego. Pero no dijo una palabra; se limitó a enrollar de nuevo su lengua dentro de su estuche en un hueco de la quijada.

Cuando Magda se volvió, Nathan había entrado. Se veía feliz.

—Estaremos en casa para Navidad, ¡¿te das cuenta?! —dijo mientras envolvía la Biblia de Sansón en un retazo de seda naranja—. Hardcastle conocerá a su bebé y yo pagaré a los acreedores de mi padre, a todos y cada uno. ¡Seremos ricos, Magda! Bueno, ricos quizá no, pero disfrutaremos de una posición desahogada. Bien pensado, ¡sí seremos ricos! Si logramos quedarnos con todo. Hardcastle dice que puede conducirnos a las rutas marítimas y que podríamos permanecer ahí hasta cruzarnos con un barco de la armada o algo así. Les contaremos cómo fue todo. Que el rey Sansón nos tomó como rehenes y que sólo pudimos escapar cuando…

Magda no quiso discutir. Evidentemente, su hermano había hecho ajustes a la verdad y las "correrías" eran ya tan irreales como siempre lo fueron cuando soñaba despierto con los piratas durante las clases en Graylake.

—Tendrás vestidos elegantes y un coche para ir a misa los domingos y harás pasar vergüenzas a todas las señoras que te despreciaron…

—Yo no pienso ir —dijo Magda.

—¿A misa?

—A Inglaterra. Me quedo.

Nathan se quedó boquiabierto.

—¿Quieres que nos quedemos?

—Nos, no. Vete tú. Tú y Hardcastle deben volver. Allí pertenecen. Pero yo no.

La cara de Nathan se frunció como una alfombra gastada: la nariz arrugada, los ojos como rendijas, enseñando un poco los dientes.

—Quieres quedarte con Tamo.

—Quiero quedarme aquí.

No fue premeditado, pero de pronto, por primera vez desde

la *famadihana,* Magda sentía el pecho destrabado, su corazón en libertad de henchirse nuevamente.

—Piénsalo, Nathan. Para qué vuelvo a Inglaterra.

—¡Para cumplir con tu deber cristiano! —le espetó su hermano como un gato que se arroja sobre un ratón.

—¿Cómo? ¿Quieres decir que Dios es inglés? —replicó ella mordaz.

Enseguida le tendió la mano a su hermano, en un gesto de reconciliación. No quería pelear; menos aún si estaban a punto de separarse.

—Mira. En Inglaterra... en Inglaterra yo no sería más que una niña. Y eso quiere decir que... tendría que... que mi destino estaría decidido: lo que me estaría permitido hacer y lo que no. Lo que podría ser y lo que no. Es cómico. ¿No te parece cómico? Aquí, Tamo piensa que tiene que ser fiel a su destino, pero yo puedo ser lo que me...

Nathan no tomó su mano, se dio media vuelta y salió. Magda no tuvo la menor idea de dónde durmió.

A la mañana siguiente, Nathan despertó entre los brazos de un árbol. Sobre su cabeza, un enjambre de avispas verde esmeralda había formado una gigantesca pelota colgante cuya superficie se movía sin descanso, como las corrientes marinas en la superficie de un planeta verde. Era una masa de vida zumbante, una sola entidad reluciente compuesta de brillantes cuerpos individuales. Y era algo grotesco. Por su forma y color, le recordó su primer descubrimiento de Madagasikara en los mapas de Sheller: Madagascar, llena de formas de vida que era incapaz de reconocer y se le atragantaban. Madagascar, cuya intrincada lengua y costumbres jamás conseguiría entender. Madagascar, que cada día colgaba sobre su cabeza una amenaza inminente de muerte súbita. Arrancó un pedazo de corteza y la arrojó hacia la pelota de avispas, que estalló en una tormenta verde, un diluvio, un monzón de puras avispas.

Dejándose caer del árbol, Nathan echó a correr hacia el mar y no se detuvo hasta llegar a la playa.

El sol naciente flotaba aún sobre el horizonte, un panal dorado de miel de abeja. Pero todo el mundo estaba ya en la playa. Hardcastle transportaba fruta fresca a bordo de una canoa. (Los piratas se habían llevado todas las chalupas.) Tamo le regaló la brújula con soportes de marfil. Magda había tejido una gorrita de lino blanco para su bebé. Resultaba extraño ver cómo había crecido de pronto el piloto en comparación con ellos. Aseguró a Magda varias veces que "cuidaría bien a su hermano". Ella le deseó buen tiempo y un viaje venturoso.

Nadie mencionó la imposibilidad de que un hombre y un muchacho pudieran capitanear un barco grande a través de los mares con rumbo a un destino preciso. Habían apostado a cruzarse con otra embarcación. Y nadie preguntó qué iban a hacer si el navío que los encontrara iba tripulado por piratas.

—Cerciórate de llevar siempre contigo un poco de quinina —dijo Magda, volviéndose hacia Nathan como si hubiese estado allí todo el tiempo. Le había traído la Biblia de Sansón, en su envoltura de seda naranja.

—Quédatela tú —repuso él y, tras un instante de vacilación, Magda la cogió de nuevo entre sus brazos y la apretó contra su pecho.

—Gracias. Me gustaría conservarla.

Vestía un *lamba* de color claro que ya no se le escurría de las caderas por falta de prominencias donde sostenerse. Su piel estaba bronceada, el cabello recogido sobre la cabeza era de un dorado decolorado por el sol e iba descalza. Nathan se escandalizó un poco de que su hermana hubiese cambiado tanto sin que él se diera cuenta. Ahora, cada vez que la evocara, ya no sería "Magda la atareada", frágil y polvorienta. Sería Magda-*ala*, entre los árboles de tambourissa y los tamariscos, el ceño fruncido por el brillante reflejo de la luz en el mar con un lémur bajo el brazo o a horcajadas encima de su cadera o moliendo arroz, levantando muy arriba la mano del mortero hacia el disco solar.

Nathan se agachó y murmuró con timidez al oído de su hermana.

—¿Te casarás con Tamo algún día?

Magda se limitó a reír, echó hacia atrás la cabeza y se le quedó mirando por las rendijas de sus ojos entrecerrados. De nueva cuenta Nathan se sintió excluido, pero esta vez se quedaba fuera de algo más grande que Madagascar y el estilo de vida malgache.

Cuando su hermana le dio un beso de despedida había dejado de reír.

—Gracias por traerme hasta aquí —le dijo—. Acuérdate de mí en tus oraciones.

Y cuando la canoa partió con un impulso enérgico, con la vela restallando entre la "V" del mástil, y Magda se quedó de

pie en la playa, con el vestido acariciándole las rodillas, Nathan asintió para sí mismo. En efecto, podía felicitársele por eso. Por todo el mundo, él lo sabía, los botánicos ingleses transportaban plantas exóticas de un continente a otro, empeñados en hacerlas crecer donde Dios no las sembró. Nathan había trasplantado a su hermana, y para ser aquel espécimen minúsculo y frágil, había florecido notablemente bien. Participó el comentario a Hardcastle, pero el piloto estaba entretenido pensando en lo que aún les esperaba.

Tamo permaneció parado en el sendero del acantilado, junto al cañón exánime. Vestía su chaqueta color fuego y era plenamente visible. Muy pronto se le reunió una silueta más pálida y por un buen rato ambos estuvieron diciendo adiós al *Ganesa* en su derivar impulsado por unas pocas velas hacia mar abierto. Pero antes de que Nathan perdiera de vista los detalles, ambos habían descendido de regreso a la playa, a juntar almejas con otros aldeanos, deteniéndose de vez en cuando para alzar la vista y verlo encaminarse.

El benefactor

Apenas traspuesto el horizonte, el *Ganesa* fue obligado a detenerse por los cañones de un barco de la Compañía de las Indias Orientales y, tras una rendición inmediata, fue abordado por el capitán y el oficial segundo. Transbordaron suficientes marineros para que el *Ganesa* pudiera seguir al mercante hasta las islas Mauricio. Nathan y Hardcastle contaron cómo habían escapado de un reducto pirata en la isla de Santa María. El uno se expresaba con tal propiedad y el otro era tan joven que nadie dudó de su palabra.

Llegados a Mauricio, el capitán exigió su prima de salvamento; el barco fue puesto a la venta y con ello se pagó el adeudo. Pero nadie registró a Nathan ni a Charles, ni tampoco los bultos que formaban su equipaje.

Llegaron a Inglaterra a mediados de enero, entre ventiscas de nieve que hacían al paisaje apenas más quieto que el mar; tras un viaje de tres meses, tampoco daba la sensación de ser muy firme al caminar.

Sheller no había cumplido ninguna de sus amenazas. No había orden de aprehensión contra Hardcastle por el delito de piratería. Ni siquiera se les molestó para comprobar la validez de la amnistía del rey Jorge. Inglaterra, preocupada por sus propios asuntos, los digirió sin provocarse hipo y ambos fueron lo suficientemente sagaces como para no despertar la curiosidad de los vecinos.

Nathaniel Gull se hospedó en casa de la familia Hardcastle a su regreso a Inglaterra. No tenía otro lugar adónde ir y, por el momento, la casita de Tilbury ofrecía suficientes comodidades. Muy pronto, suponían, ambos hallarían un lugar para mudarse que fuera más acorde con su fortuna.

Pero aunque discutían con frecuencia acerca de la mudanza, no podían ponerse de acuerdo sobre dónde se ubicaría la nueva casa. Nathan quería vivir cerca del mar, mientras que Hardcastle se negaba rotundamente a ello. De hecho, más fácil fue para el piloto renunciar a su profesión que hacerse a la mar de nuevo; adquirió una imprenta y buscó un grabador que quisiera asociarse con él para el negocio de imprimir mapas. Mapas del país de Gales, mapas de las rutas de Cornuailles, mapas del condado de Hereford y de las Islas Occidentales.

Para asombro del grabador, Hardcastle añadía invariablemente, cerca del borde de todos los mapas, un camino adicional, una carretera secundaria o un camino de herraduras inexistentes. Cuando se le preguntaba por la razón de aquello, sólo respondía: “para salir”.

Su bebé pronto creció hasta convertirse en un niño con rodillas como de cera derretida y ojos grandes y solemnes. Aceptó al padre que nunca había visto con la misma docilidad que un mueble nuevo para la casa. No encontraba nada raro en la forma en que aquel hombre echaba de cuando en cuando la cabeza hacia atrás, como si hubiese recibido un golpe, o entrecerraba los párpados al escuchar un ruido fuerte o se acurrucaba y se quedaba dormido en cualquier rincón a mitad del día. Al bebé no lo intrigaba aquella conducta y la esposa se abstenía de hacer comentarios. Nathan notaba a veces las octavillas de amnistía que Hardcastle llevaba en cada bolsillo de cada uno de sus sacos y sus abrigos y en un grueso fajo junto a su corazón, pero nunca hizo mención de ellas a su casera. Había un acuerdo tácito en la casa de que Madagascar y lo que allí ocurrió jamás debía mentarse.

Hubo un asunto que sí abordó Heskia Hardcastle. Una noche, durante la cena, declaró que ella no se beneficiaría de los robos de los piratas. Le tenía sin cuidado, dijo, cómo Nathan iba a hacer las paces con su conciencia, pero bajo su techo no había lugar para cosas robadas ni compraría víveres con ese dinero, porque la comida tendría sabor a sangre. Hardcastle dejó la cuchara sobre la mesa; aquel era un comentario calculado para ensombrecer cualquier condumio. Nathan permaneció cabizbajo en su lugar, apoyada la cabeza en una mano, meneando la sopa en su plato. Magda tampoco lo habría dejado vivir como rico, pensó acongojado. Y, sin embargo, algo había que hacer con los… "despojos de guerra", como decidió llamarlos Nathan.

—¿Qué le parecería donarlos, señora? Fundar una institución educativa para, digamos, huérfanos.

La señora Hardcastle sonrió. Le pareció una idea excelente. En el fondo de sus pensamientos, Nathan apartó una cantidad para la educación del pequeño Toby. Si algo había aprendido es que los más rígidos principios ceden cuando se trata de los hijos. Sin duda alguna la señora Hardcastle autorizaría que la educación de Toby se pagara con el oro de los piratas.

Esa noche el plan de Nathan comenzó a fraguar, aunque pospuso el indispensable viaje hasta la Pascua, cuando los caminos estuvieran en mejores condiciones.

Además, en marzo cayó enfermo. La malaria se sentó en su pecho como una *fossa,* rasguñándole los ojos, haciéndolo víctima ora del agitado frío invernal, ora del sudoroso calor de los trópicos. Soñó que estaba en la cabaña de Madagascar, aguardando el regreso de Magda y de Tamo, mientras atrancaba la puerta del este con sus pies. Cuando despertó, empujaba el pie de la cama con los talones. Estiró la mano para su diaria degustación del amargo sabor de la quinina e hizo su acostumbrado brindis matinal: "Por ti y por mí, Magda-*ala.* ¿Qué planes tenemos hoy?"

Le gustaba imaginar que lo separaba de su hermana solamente el grueso de un muro y que en la habitación contigua, algo más soleada, Magda también se levantaba para vestirse, dar de comer a sus animales y guisar un poco de arroz... e imaginando que su hermano estaba en la pieza de al lado. En cierto modo así era. Bastaba con mirar el mundo de una manera distinta.

Pascua.

El surtidor de mayo pintaba de blanco los bosques; una niebla de campánulas se tendía bajo los árboles. Al paso del coche, Nathan podía ver brotar una docena de variedades distintas de flores amarillo-huevo en los jardines.

Los demás pasajeros del coche de posta no podían tranquilizarse y al llegar a Kettering preguntaron al cochero si no podría pedir a "ese muchacho" que viajara en el pescante. El cochero no respondió. Él tampoco quería que Nathan viajara a su lado.

Nathan dio un trago a la anforita que cargaba en la cadera y se fingió dormido, para tranquilizar a los pasajeros. Vestía una chaqueta de terciopelo verde musgo luida en los codos, una gruesa faja de colores chillones (donde se encajaba una pistola), un tricornio y unas botas prestadas. Por debajo del sombrero asomaban seis u ocho mechas —cuerdas de esparto empapadas en nitro y agua de cal— que colgaban a cada lado de su rostro.

La verja de hierro del colegio Graylake mantenía a raya el

caos de la primavera, con excepción de algunos manchones de narcisos que crecían en el foso y las delicadas floraciones del huerto. Los árboles que flanqueaban la larga calzada ostentaban su circunspecta elegancia inglesa: nada de lémures, ni fodis escarlata, ni avispas formando brillantes pelotas esmeralda. Era un bosque en orden para especies ordenadas.

Por un desagradable instante, Nathan pensó que Thrussell podría estar muerto o retirado y que el viaje habría sido en vano. Pero el rector no había cambiado. De hecho, entrar en su oficina fue como cruzar el umbral del sueño y entrar en el tiempo de los recuerdos.

—Hace poco volví del extranjero —dijo, impostando la voz tan bajo como pudo—, y quizá me vea en la obligación de marcharme de nuevo intempestivamente.

Thrussell no contestó. Estaba tasando a aquel astroso bárbaro que había irrumpido en su oficina. No mostró el menor signo de haber reconocido al muchacho que un día expulsara.

—El que se dedica a mi negocio no debe dejar su patrimonio desprotegido. Al menos así opina mi banquero. Mi ahijado, por ejemplo, necesita ir al colegio.

—¡Sin duda! ¡Sin duda! —Thrussell modificó su primera impresión; aquí había dinero, si no buenos modales—. ¡A no dudarlo! —repitió el rector adoptando un tono más refinado como reacción al joven de piel quemada por el sol que se limpiaba los mocos con la manga—. ¿Dónde exactamente es que tiene usted sus intereses, señor... eh... Ra... —no se atrevió a intentar pronunciar el nombre extranjero de su visitante.

—Ratovoantany. En Madagascar, señor. Soy un hombre al que no le gusta arraigarse, ya ve usted. Madagascar. Soy algo así como un corsario.

Por un momento, Thrussell se quedó perplejo de hallarse cara a cara con un pirata. Un montón de libros se derrumbó espontáneamente de su escritorio, de lo que Nathan dedujo que el rector había recargado la pierna contra el mueble en un esfuerzo por dominar su pánico.

—Bien, pues qué circunstancia tan notable, señor... eh.

—Capitán.

—Capitán. No es usted el primer... eh... empresario de esa islita que nos confía a su pupilo para recibir una educación cristiana. Me parece recordar...

—No es coincidencia —lo interrumpió Nathan—. El hijo de Thomas White, en efecto. Tamo *Guardanegra*, lo llamamos. Fue él quien me recomendó que lo buscara a usted.

El rostro de Thrussell se descompuso en un gesto de indeciso alivio y se lo enjugó con un pañuelo.

—Encantador muchacho. Lo recuerdo. Tan... dueño de sí...

—Por lo que toca a la educación cristiana, no estoy seguro. En Madagascar tenemos nuestras costumbres. Costumbres y tradiciones.

—¿Tradiciones? Estoy seguro de que tendremos la flexibilidad…

—Por ejemplo, quizá trajera consigo los huesos de su abuelo.

—Los…

—En un cofre marinero. Para airearlos de vez en cuando, ¿verdad?

Thrussell profirió un ruido en la garganta parecido a un sollozo.

Nathan sintió el aguijón de la histeria clavarse en el fondo de su garganta. La estupidez de aquel hombre, su ignorancia supina, lo arrastraban a esa extravagante payasada, muy lejana de su intención original. Se acercó a la ventana y vio desde ahí las ordenadas instalaciones del colegio y aspiró hondamente, buscando recobrar la compostura.

—En fin. El asunto que me trae por aquí, doctor Thrussell, es que tengo la intención de donar una suma a una institución educativa luego de cubrir mis necesidades.

Thrussell experimentó un mareo al sentir su viejo corazón expuesto a tantas emociones distintas en tan corto tiempo y tuvo que sentarse.

—Un sentimiento noble, sin duda.

—Para que provea de educación a los hijos de padres depauperados, como lo fueron los míos.

—¿Piratas? ¿Dijo usted piratas?

—*Padres*, señor. A los hijos de padres depauperados.

—¡Cuán! —fue todo lo que Thrussell pudo decir. Unió con fuerza las puntas de sus dedos y oyó a su estómago gruñir de contento.

—Consagrada a la memoria de un gran hombre.

—¡Bien pensado! —se apresuró a convenir Thrussell—. La beca Ratovo...

Para sí, el rector ya estaba disponiendo del capital: unas construcciones aquí, unas mejoras allá. Su cálamo empezó a garabatear involuntariamente, redactando una carta al Patronato, para ponerlos al tanto de este *grand coup* suyo en favor del colegio.

—No. No en *mi* memoria. En memoria de alguien mejor que yo. Yo conocí a su hijo. En Madagascar, me refiero. Él también estaba haciéndose a la mar.

—A la...

—Era un pirata, como yo —precisó el joven parado junto a la ventana, dando aún la espalda a Thrussell, con una leve tensión en la voz—. Mi idea es honrar la memoria de su padre, un muy estimable siervo de Dios, desde donde se lo mire.

A estas alturas, a Thrussell había dejado de importarle de cuál dios. ¡Todo aquel dinero que llenaría las arcas de Greylake!

—¡Admirable! ¡Altamente encomiable! ¡A no dudarlo!

El pirata sacudió sus puños de encaje con deliberación.

—Así pues, doctor Thrussell, vengo a ofrecer a su excelente profesor de Literatura Clásica, el señor Pleasance, el cargo de

rector de la Escuela Gratuita Reverendo Edmundo Gull, en Gravesend, que es mi intención abrir este próximo inicio de cursos. Me ha hecho el honor de aceptar. Así que no lo espere el lunes.

Con un crujido sordo, el cálamo de Thrussell se rompió y cuando Nathan se volvió para confrontarlo, el rostro del rector estaba salpicado con gotitas de tinta.

—Ése...

Nathan se quitó el sombrero y las mechas cayeron al suelo entre los libros de Thrussell. Se miraron de hito en hito y Nathan, para su indeleble sorpresa, descubrió que no sentía miedo alguno. ¿Qué era este hipócrita despreciable al lado de Sheller, de Contramaestre, del mar, la enfermedad y el pecado? Nathan se puso el dedo ante los labios, para evitar un exabrupto desaconsejable de Thrussell, y en un susurro grave y pleno de humor le dijo:

—*De mortuis nil nisi bonum, magister.* "Nunca hable mal de los muertos." Porque luego sus hijos no lo dejarán en paz.

Terminada la escena, Nathan mudó de indumentaria, empacó aquel disfraz absurdo (excepto por las botas, que resultaban muy pesadas) y viajó a su terruño. Ningún monumento señalaba la tumba de su padre, por supuesto: una más entre las incontables tumbas de los pobres. Así que Nathan optó por caminar de arriba abajo por la fosa común, recitando en voz alta lo que acababa de hacer: cómo había limpiado el nombre de su padre, cómo había liquidado sus deudas. En el cementerio se escuchaba el canto de los pájaros, ese gorjeo amable, dulce y discreto de los parduscos pájaros ingleses, y el césped estaba salpicado de prímulas. La flecha de la iglesia, impasible y monumental, presidía todos sus movimientos. Por primera vez desde su regreso, Nathan sintió la firmeza del suelo bajo sus pies, lastrado por generaciones de cristianos ingleses difuntos.

Hardcastle y Toby lo fueron a buscar al apeadero del coche y emprendieron el camino a casa por las calles de Tilbury. Un cartel pegado en una pared anunciaba una nueva puesta en escena de *The Succesful Pyrate* [El pirata exitoso], de Charles Johnson, en el teatro de Drury Lane. Pero a Nathan no le apeteció ir a verla. Las hazañas ficticias de los bucaneros habían perdido toda magia para él. Además, aquella primavera había en Tilbury otros piratas expuestos.

Uno, al que no benefició amnistía alguna, colgaba de la horca en Tilbury Point, sacudido por la rauda brisa que se levantaba del río. Su cuerpo había sido encadenado, cubierto de alquitrán y encerrado en una jaula, negándosele cristiana sepultura como advertencia para los vivos de lo repugnante de la muerte.

En Nathan, aquel espectáculo no surtió precisamente el efecto buscado.

—Ya es Pascua —comentó a Hardcastle.

—Desde hace una semana —repuso él.

—La fecha en que fueron a recoger los restos de Cristo…

Hardcastle arrojó a Toby al aire y lo recibió en los brazos varias veces, provocando al niño un ataque de risa.

—Sólo que no estaba… —completó Nathan.

—Subió a los Cielos —apuntó Hardcastle, tallando su nariz contra la del bebé.

—Había salido al jardín.

De pronto, le pareció que quizá la negra calavera del pirata en la horca no estaba en realidad dando un grito de advertencia; que su cadáver en estado de putrefacción quizá no padeciera ya los tormentos del patíbulo, como era la intención de sus verdugos sugerir con jaula, cadenas y candados. No sólo el rey concedía amnistías.

Quizás el hombre estaba en realidad cantando: cantando y bailando bajo el brillante y quebradizo sol de Pascua, sostenido en el aire no por sus cadenas sino por manos invisibles o cargado en hombros invisibles.

El hijo del pirata, de Geraldine McCaughrean,
número 129 de la colección A la Orilla del Viento,
se terminó de imprimir y encuadernar en febrero de 2016
en Impresora y Encuadernadora Progreso, S. A. de C. V. (IEPSA),
calzada San Lorenzo, 244; 09830 Ciudad de México.
El tiraje fue de 1 400 ejemplares.